COORDENAÇÃO EDITORIAL

ALESSANDRA KSENHUCK E MAURÍCIO SITA

O PODER DE UMA HISTÓRIA

Literare Books INTERNATIONAL
BRASIL · EUROPA · USA · JAPÃO

PRESIDENTE DO CONSELHO
Maurício Sita

PRESIDENTE
Alessandra Ksenhuck

VICE-PRESIDENTES
Claudia Pires
Julyana Rosa

DIRETORA DE PROJETOS
Gleide Santos

EDITOR
Enrico Giglio de Oliveira

ASSISTENTE EDITORIAL
Júlia Almeida e Lui Navarro

REVISORES
Gabriele Lima e Ivani Rezende

CAPA
Ariadne Cardoso

DESIGN EDITORIAL
Lucas Yamauchi

DIAGRAMAÇÃO
Ana Paula Nunes Medeiros

IMPRESSÃO
Printi'

Dados Internacionais de Catalogação na Publicação (CIP)
(Câmara Brasileira do Livro, SP, Brasil)

O poder de uma história / coordenação editorial
Alessandra Ksenhuck, Maurício Sita. -- São
Paulo : Literare Books International, 2024.

Vários autores
ISBN 978-65-5922-930-7

1. Crônicas brasileiras - Coletâneas 2. Histórias
de vida I. Sita, Maurício. II. Ksenhuck, Alessandra

24-221824 CDD-B869.9308

Índices para catálogo sistemático:

1. Crônicas : Coletâneas : Literatura brasileira
B869.9308

Eliane de Freitas Leite - Bibliotecária - CRB 8/8415

LITERARE BOOKS INTERNATIONAL LTDA.
Rua Alameda dos Guatás, 102
Vila da Saúde — São Paulo, SP. CEP 04053-040
+55 11 2659-0968 | www.literarebooks.com.br
contato@literarebooks.com.br

MISTO
Papel | Apoiando o manejo florestal responsável
FSC® C196274

SUMÁRIO

PREFÁCIO

É com imenso prazer e orgulho que apresentamos aos leitores *O poder de uma história*, uma coletânea que reúne a voz e a vivência de 25 autores talentosos, cada um trazendo à luz narrativas que ressoam com autenticidade e emoção.

Neste livro, cada escritor compartilha uma história única ou um fragmento de sua própria trajetória, tecendo um mosaico de experiências que, juntas, formam um rico tapete de diversidade literária.

A beleza desta obra reside na sua capacidade de capturar a essência da comunicação moderna: textos concisos, porém profundamente significativos, que refletem a linguagem dinâmica e envolvente da era digital. Cada capítulo é uma viagem breve, mas intensa, que mantém o leitor cativado e ávido por mais, evitando qualquer traço de monotonia.

A variedade de estilos e temas garante que cada página traga uma nova perspectiva, uma nova emoção, e uma nova oportunidade de reflexão.

A participação de cada autor é um testemunho do poder transformador das histórias. Ao compartilhar suas experiências, eles não apenas oferecem entretenimento, mas também criam pontes de empatia e compreensão.

Muitos leitores encontrarão eco de suas próprias vidas nas palavras impressas, reconhecendo desafios e triunfos semelhantes aos que já enfrentaram ou ainda enfrentam. Entre as narrativas, destacam-se histórias de vida e superação que servem de inspiração e motivação. Estes capítulos nos lembram da resiliência do espírito humano e da importância de nunca desistir dos nossos sonhos, por mais difíceis que possam parecer as circunstâncias.

A Literare Books International sente-se honrada em trazer ao mercado uma obra de tamanha relevância. Este livro não é apenas uma coleção de histórias; é um convite à introspecção e ao crescimento pessoal. Esperamos que cada leitor encontre aqui não apenas prazer na leitura, mas também força e coragem para escrever suas próprias histórias de superação e sucesso. Convidamos você a mergulhar nestas páginas e descobrir o verdadeiro poder de uma história.

Maurício Sita
Presidente do conselho da
Literare Books International.

Alessandra Ksenhuck
Presidente da Literare Books International.

01

DESCUBRA E MONETIZE O POTENCIAL OCULTO EM VOCÊ

Pare de se achar uma porcaria, incapaz ou sem talento: você tem sonhos para conquistar, e não pessoas para impressionar ou agradar. Todos nós temos talentos a serem explorados. Identificar o nosso potencial ainda oculto e aprender a monetizá-lo é uma grande oportunidade de fazer o que se ama. Então, faça um favor para si mesmo: liberte-se das suas correntes e alcance a sua melhor versão.

CAREN FERNANDA MURARO

Caren Fernanda Muraro

É filha, esposa e mãe do Francisco, com muito amor. Apaixonada por aprender, ensinar e se comunicar com as pessoas, gosta de desbravar seu próprio potencial, rompendo a fronteira de suas limitações e, com isso, também ajudar outras pessoas. Especialista em *soft skills*, com foco em habilidades comportamentais e emocionais, também possui pós-doutorado pela Universidade do Estado de Santa Catarina (UDESC-2022), doutorado pela Universidade Federal de Santa Catarina (UFSC-2018), mestrado pela Universidade Luterana do Brasil (ULBRA-2009) e MBA em ESG pelo Instituto Brasileiro de Mercado de Capitais (IBMEC-2003). Atua como pesquisadora, palestrante e escritora, com quatro livros já publicados, além de mais de 20 artigos científicos nacionais e internacionais. Está, há mais de 24 anos, desenvolvendo suas *soft skills* e trabalhando com gestão e vivência prática. É fundadora da CFMURARO, que atualmente propaga pesquisas, cursos, treinamentos e mentorias presenciais/on-line para desenvolver e potencializar as *soft skills* de qualquer pessoa. Utiliza-se como pilar de apoio *As 10 poderosas soft skills de Jesus*, livro best-seller de sua autoria. É seguidora do Mestre e estudiosa das escrituras sagradas.

Contatos
carenfm.com.br
carenfernanda2009@hotmail.com
Instagram: @dra.carenfernanda
Facebook: @dra.carenfernanda
Youtube: dra.carenfernanda
48 3307 1498

Você saberia dizer o que está te impedindo de ir para outro nível profissional?

Se você tem o desejo de ser uma pessoa melhor, com maior desempenho profissional, o **primeiro passo** a dar é rastrear e identificar o que está te impedindo de conseguir isso, ou seja, quais são as correntes que hoje impedem você de alcançar voos mais altos.

Vou descrever como muitos traumas nossos podem vir do meio em que fomos educados, para que consiga refletir nesse sentido; e quem sabe identificar alguns possíveis traumas que podem estar te influenciando, assumindo o comando de suas escolhas, te impedindo de dar um passo à frente e alcançar melhor desempenho profissional, ou seja, sua melhor versão.

Eu fui criada em um ambiente de cultura italiana; sim, *tutti bona gente* (todos boas pessoas). Porém, essa cultura na época possuía um modelo educativo bastante rígido, tradicional, regado de muitas crenças e tabus, certamente como tantas outras culturas. A forma como fui criada me fez sentir muito medo, insegurança, sentimento de incapacidade. Seguidamente, eu mesma me chamava de burra quando cometia algum erro. Essa palavra foi me dita tantas vezes na infância que eu mesma acreditava que era. Foi uma longa caminhada até desconstruir isso da minha mente. Hoje consigo olhar para trás e perceber o quanto aquele sentimento impediu-me de fazer melhores escolhas, influenciando minha tomada de decisão. Fazer os sentimentos que nos travam perder a força de comandar nossa vida creio ser uma das chaves mais importantes para alcançarmos uma vida plena, com alegria e em glória.

Voltando ao modelo educativo que eu tive, e seguramente que muitos dos leitores também o tiveram, acredito que nossos pais e familiares só seguiram o que lhes fora passado e, sem intenção, acabaram por gerar traumas inconscientes em nós, as crianças na época.

Quantos de nós, quando não conseguiam fazer alguma tarefa direito, eram chamados de "burro" e, quando cansado, de "vadio, vagabundo, preguiçoso" e por aí vai. Por vezes, apanhávamos com varas e chineladas, com os dizeres de que a gente merecia e que era na intenção de nos dar uma boa educação. Essa era a linguagem de amor que aprenderam e repassaram.

Todavia, minha intenção aqui não é em hipótese alguma criticar nossos familiares, o que quero explicar é que todos esses comportamentos que nos foi transferido, possivelmente entre tantos outros, foram registrados em nossa memória de forma negativa (dor, medo, rejeição, sentimentos de inferioridade, fraqueza, impotência entre outros), mas seguramente nossos familiares e antepassados também adquiriam tais memórias traumáticas sob tal modelo educativo.

Um estudo publicado na *Nature Neuroscience* apresenta uma pesquisa que revela que as memórias de dor, adquiridas desde o ventre de nossa mãe até a fase adulta, são registradas em nosso córtex pré-frontal e podem se manifestar em qualquer momento de nossa vida. Elas influenciam exatamente a nossa tomada de decisão e estão relacionadas ao sentimento de medo.

Nesse sentido, podemos dizer que as memórias de dor se tornam lesões emocionais e são elas os verdadeiros vilões que nos impedem de avançar, porque, quando acionadas, nos fazem travar e nos bloqueiam, acionando um sentimento de medo (pânico). Assim, há a interferência em nossa tomada de decisão, alterando a escolha que poderíamos fazer e o destino que poderíamos alcançar. O sentimento de medo, de incapacidade, de insegurança, é o que nos faz querer permanecer em nossa zona de conforto.

Essas lesões fazem com que criemos personagens que fazem de tudo para agradar as outras pessoas, assim criando um falso sentimento de que estamos sendo aceitos e somos capazes. Deixamos então de fazer tantas coisas que gostaríamos, pois pensamos: *O que os outros vão pensar?* Isso é o que nos foi ensinado. Os traumas que cada um traz em seu córtex pré-frontal afastam a nossa essência única, a autenticidade, a singularidade, dessa forma anulando ou ocultando nossos dons e talentos, além de nossa verdadeira essência e identidade.

Fomos criados por Deus como seres únicos, por esse motivo cada um tem seu DNA; ele não se repete em outra pessoa de forma alguma. É exatamente por isso que sugiro às pessoas desbravarem, explorarem e identificarem o seu potencial. Somos verdadeiras pedras preciosas, cada uma com seu brilho único. Entretanto, para uma pedra alcançar seu brilho máximo, é preciso lapidação.

Após aprender a identificar suas lesões emocionais (traumas), vem o **segundo passo**, identificar qual é o seu dom, talento, ou seja, o potencial que já existe aí dentro de você, mas que, devido aos traumas, desconhece ou não acredita em si próprio. E, com isso, chegamos ao **terceiro passo**, que é tornar seu talento rentável, ou seja, monetizar seu talento.

Descrevo, a seguir, um trecho da minha história de vida, que foi meu momento definitivo de virada, quando olhei para trás e percebi o tamanho do meu potencial e o amor que eu tenho em aprender, ensinar e me comunicar com as outras pessoas. Ao descobrir isso, resolvi monetizá-lo, pois sempre sonhei em trabalhar com o que amo fazer, mas por um período em minha vida eu me perdi no caminho.

O *pen drive* de ouro que me tirou do quarto escuro

Para que você compreenda esta história, preciso começar contando o que aconteceu há muitos anos em uma cidade na serra gaúcha, onde nasci. Em 2000, ano da minha formatura, iniciei minha jornada profissional naquela cidade. Na época, eu era muito jovem; aos 22 anos, assumi um cargo de liderança como coordenadora. Aos 25 anos, após obter duas especializações e dedicar-me a estudar e praticar diariamente o modelo de liderança de Jesus, assumi o cargo de diretora executiva no maior complexo esportivo da região. Esse complexo era composto por um espaço de 16 mil m², 4 andares, 2 piscinas, 45 colaboradores e 800 clientes ativos.

No entanto, a empresa estava enfrentando sérios problemas financeiros. Então, compreendi que o convite para essa posição vinha com uma grande missão: quitar as dívidas, aumentar o número de clientes ativos e, assim, tornar a empresa lucrativa, transformando o cenário financeiro. Tenho certeza de que nenhum dos colaboradores ou clientes ativos desejava ver aquele local fechar as portas. No primeiro mês, implementamos uma estratégia que consistia em alterar o modelo de contratação de serviços pelos clientes. Nesse novo formato, os clientes poderiam utilizar todo o espaço por um valor único; e esse pequeno movimento fez uma grande diferença, permitindo-nos não mais operar no vermelho.

Nos três meses seguintes, conseguimos pagar os salários atrasados e quitar as dívidas pendentes. Isso nos permitiu limpar o nome da empresa no mercado e restaurar a credibilidade. Simultaneamente à implementação desse novo modelo de contratação de serviços, também buscamos por parcerias para terceirizar espaços, para serviços de fisioterapia e alimentação saudável, bem como outras estratégias para atrair novos clientes. No entanto, percebi que essas ações, por si só, não eram suficientes para conquistar a fidelidade dos clientes existentes e atrair novos. Era evidente que algo mais precisava ser feito. Foi nesse momento que compreendi a necessidade de fornecer treinamento especializado para os 45 colaboradores que trabalhavam no local. No entanto, a empresa não dispunha dos recursos financeiros necessários para contratar treinamentos externos. Decidi, então, criar treinamentos por conta própria para todos os funcionários, independentemente do setor ou cargo. Todos esses treinamentos tinham como foco o desenvolvimento de suas habilidades e uma compreensão mais profunda do novo propósito da empresa.

Conforme o tempo passava, ao longo de três anos, testemunhamos melhorias constantes, com o número de alunos ativos aumentando de 800 para 1.500. Alcançamos, assim, a tão desejada fidelidade dos clientes. Sem dúvida, todos nós contribuímos para o sucesso desse empreendimento. Contudo, era hora de seguir adiante. Com um desejo incessante de explorar o mundo e aprender constantemente, aos 27 anos, em 2006, abri minha primeira empresa e decidi cursar um mestrado. No entanto, ainda nutria o forte desejo de me tornar pesquisadora. Foi então que, em 2009, aos 31 anos, vendi todas as minhas posses e, com uma mochila nas costas, saí da minha cidade natal para viver em Florianópolis, Santa Catarina.

Lá, completei meu doutorado e aprimorei meus estudos, morando em outros dois países: Estados Unidos e Portugal. No entanto, para minha surpresa, logo após meu retorno ao Brasil, com seis meses de casamento e estando grávida de um lindo menino, um acontecimento triste abalou minha vida. Meu pai sofreu um grave acidente vascular cerebral (AVC), que o deixou numa cadeira de rodas, alterando completamente o curso da minha jornada. Devido à sua deficiência física e à condição semelhante da minha mãe, eles precisavam de cuidados especiais. Assim, decidiram se mudar para ficar mais próximos de mim, permitindo que eu cuidasse deles. Portanto, de 2013 a 2021, em meio à maternidade, à doença do meu pai e à conclusão do doutorado, meus sonhos, desejos e ambições ficaram em segundo plano, enquanto eu me esforçava para estabelecer uma nova rotina para todos nós em meio a esse caos.

Passaram-se três anos desde o dia em que meu pai partiu, em 2021, assim descansando merecidamente após os oito anos em que ele esteve doente. Por um tempo, fiquei perdida, pois mais uma vez precisava ajustar minha rotina. Dessa vez, no entanto, meu pai não estava mais ao nosso lado. Nossa família era composta por mim, meu marido, nosso filho de 8 anos e minha mãe, que também se tornara deficiente física.

Em um dia chuvoso de setembro de 2022, com 44 anos e alguns cabelos grisalhos surgindo, algo aconteceu que mudou o rumo da minha carreira. Eu estava em meu escritório, sob a luz suave de uma vela aromática que acalmava minha ansiedade, tomando um chazinho de laranjeira para estimular minha criatividade. Ao fundo, o som suave de um violino preenchia o ambiente. Eu digitava no computador o relatório do meu pós-doutorado quando, olhando para o lado, vi um saquinho de linho contendo todos os *pen drives* da minha vida guardados ali.

Naquele momento, decidi pegar o primeiro *pen drive* que já tive e inseri-lo no computador. Para minha surpresa, encontrei todos os treinamentos que havia desenvolvido e aplicado aos 45 colaboradores do complexo esportivo em 2004. Dezoito anos haviam se passado e, naquele instante, uma enxurrada de memórias me atingiu. Com as mãos no rosto, comecei a chorar, pois percebi o quanto amava trabalhar com treinamento e desenvolvimento das pessoas. Eu amava me comunicar com elas. Foi aí que também entendi o quanto trabalhar sozinha estava sufocando minha habilidade de comunicação, que considero hoje meu maior potencial, meu dom e meu talento.

Compreendi que, quando sufocamos nosso talento, nos tornamos infelizes e, como consequência, ficamos perdidos emocionalmente, com vazio interior, tristes, depressivos. Como água de poço parada, quando não utilizamos nosso dom, a nossa energia para de fluir e expandir, resultando em estagnação profissional e adoecimento.

Eu descobri que o meu talento é a minha comunicação, a minha fala. O meu chamado e saber desse mero detalhe fizeram toda a diferença em minha vida. Resolvi mudar a direção do leme do meu barco e realizar os sonhos secretos do meu coração, a não mais me abandonar por me achar incapaz, com medo de ser "burra" ou pela preocupação de o que os outros poderiam pensar.

Agora, dona da própria alma, com o material contido naquele *pen drive*, tendo como base todo o conhecimento adquirido como pesquisadora e mais de 24 anos de desenvolvimento pessoal, decidi me sentar e escrever os livros secretos que guardava em meu coração e focar o meu trabalho naquilo que amo fazer. Continuo atuando como pesquisadora, mas agora desenvolvi meu método PnSs (Potencializando nossas *Soft skills*) e, por meio dele, com treinamentos empresariais, cursos on-line e imersões presenciais, consigo orientar outras pessoas a descobrirem suas lesões emocionais e seus talentos para que, dessa forma, também consigam utilizar o seu potencial ainda desconhecido.

Fazer o que amamos como profissão não tem preço. Foi nessa jornada que encontrei minha felicidade e paz de espírito. Acredito que aprender a se conhecer, despertar a autopercepção, identificar nosso grande talento e fazer o que amamos são o grande segredo para alcançar o sucesso, tanto profissional quanto pessoal. Como diz o ditado de um autor desconhecido:

"Faça o que você ama e não trabalhe um único dia em sua vida".

Referências

CAMILLO, C. M. Neurociência e a aprendizagem no ensino Ciências. *Research, Society and Development*, [s. l.], v. 10, n. 6, p. e20510615721-e20510615721, 2021.

CASCIO, J. Facing the age of chaos. *Medium*, [s. l.], 2020. Disponível em: https://medium.com/@cascio/facing-the-age-of-chaos-b00687b1f51d. Acesso em: 1º ago. 2024.

CLONINGER, C. R. A importância da consciência ternária para a superação das inadequações da psiquiatria contemporânea. *Arquivos de Psiquiatria Clínica*, São Paulo, v. 40, pp. 110-113, 2013.

CLONINGER, S. Questões conceituais na teoria da personalidade. *Manual de psicologia da personalidade de Cambridge*, Cambridge, v. 4, pp. 3-26, 2009.

GARDNER B; LALLY, P; WARDLE, J. Making health habitual: the psychology of 'habit-formation' and general practice. *British Journal of General Practice*, [s. l.], v. 62, n. 605, pp. 664-6, dez. 2012.

GOLEMAN, D. *Inteligência emocional*: a teoria revolucionária que redefine o que é ser inteligente. 2. ed. Rio de Janeiro: Objetiva, 2012, pp. 66-67, 69.

VIEIRA, N. Cientistas descobrem local do cérebro onde as memórias de medo ficam armazenadas. *Canaltech*, [s. l.], 06 jan. 2023. Disponível em: https://canaltech.com.br/saude/cientistas-descobrem-local-do-cerebro-onde-as-memorias-de-medo-ficam-armazenadas-235216/. Acesso em: 1º ago. 2024.

02

ALÉM DOS TRIBUNAIS
O CAMINHO DE UMA ADVOGADA EXTRAORDINÁRIA

Um dos atributos mais importantes das histórias é a habilidade de gerar uma ligação entre as pessoas, principalmente quando esses relatos são reais. Muitas das grandes histórias são formas de incentivo e de encorajamento, verdadeiros instrumentos de conhecimento e estudo. Sendo assim, resolvi narrar minha vida para ajudar aqueles que, assim como eu, um dia pensaram em desistir de seus sonhos.

CIBELE DOS S. TADIM NEVES

Cibele dos S. Tadim Neves

Advogada, empresária, técnica em contabilidade, especializada em Direito do Trabalho pelas instituições Faculdades Metropolitanas Unidas (FMU) e Pontifícia Universidade Católica de São Paulo (PUC-SP). Mestra em Direito do Trabalho pela Pontifícia Universidade Católica de São Paulo (PUC-SP). Foi premiada como personalidade feminina do ano de 2022 pela *International business magazine*. É fundadora do escritório de Advocacia Tadim Neves, atuante nas áreas de Direito Trabalhista, Direito Civil, Direito Previdenciário, Direito de Família e Sucessões, Direito do Consumidor e Direito Internacional.

Contatos
www.tadimneves.com
juridico@tadimneves.com
Instagram: @dra.cibeletadimneves
Facebook: Dra. Cibele Tadim Neves Spindola
LinkedIn: Cibele Tadim Neves Spindola

Antes do Direito: os desafios dos estudos

Fui criada no extremo da Zona Leste na cidade de São Paulo, em uma das regiões mais pobres da capital. Como estudei na escola pública, aprendi desde cedo a me dedicar àquilo que é importante. Anecer nos estudos sabendo que, em algum momento, eu teria de trabalhar.

Aprendi a lidar com grandes distâncias, pois as verdadeiras oportunidades estavam longe da Zona Leste. Dessa forma, tive de ir para outros bairros, visto que lá estavam as melhores escolas.

Aos quinze anos, conciliei meus estudos durante a manhã com um estágio no INSS à tarde, e um curso técnico em Contabilidade à noite. Era comum sair às 5h da manhã e retornar de madrugada para casa; passei dias sem ver meus pais.

Por ficar até tarde na rua, fui vítima de muitos assaltos. O mais marcante deles foi quando estive com uma arma apontada para minha cabeça e, incerta do que aconteceria, fui ajudada por um homem que nem mesmo me conhecia.

Passei a sentir medo de sair e voltar para casa, consequência do medo em um trajeto tão extenso e em horários nos quais muitos ladrões se aproveitam.

Ainda assim, acredito que esse sacrifício foi imprescindível para entender o que eu desejaria anos à frente, pois não bastaria estar no meu próprio conforto enquanto pessoas passariam por eventos similares, senão piores. Conforme Tony Robbins, esses são os momentos mais importantes: "Nos momentos de decisão, o seu destino é traçado."

Durante meu desenvolvimento no INSS, atendi muitos aposentados e tive contato com advogados do ramo previdenciário. Vê-los me tornava cada vez mais curiosa a respeito do Direito.

Decidi ser a primeira da minha família a cursar o ensino superior, pois meus pais não tiveram a oportunidade de fazê-lo. A partir daí, me inspirei a começar a faculdade.

O curso de Direito é longo e, quando estava prestes a encerrá-lo, no penúltimo ano, fui surpreendida com a minha primeira gravidez.

Por diversas vezes, fui incentivada a trancar a faculdade e focar apenas na gestação, contudo não pude deixar de trabalhar, muito menos de estudar; assim, permaneci com meu sonho.

Recordo-me de tirar apenas 15 dias de licença; mesmo exausta, sabia que cada aula era importante.

Minha gestação foi extremamente complexa, pois senti constantes enjoos e lidei com muitas alterações hormonais.

Enquanto me preparei para a OAB, providenciei uma meta de estudos para dois meses seguidos. Ao longo disso, aprendi o que viria a se tornar o mais importante para mim: ser mãe. Sem a chegada do meu filho, tenho certeza de que jamais conseguiria passar na OAB, escolhendo a área cível, que é uma das áreas mais difíceis, com nota máxima na peça processual. Ouvi muitos afirmarem que eu não seria capaz, seja por conta da dificuldade ou por estar com um filho recém-nascido. A partir daí, pude perceber que, para crescer, seria importante ter de lidar com desafios em meu caminho, pois todos me proporcionaram aprendizados que carrego até hoje, e foram de suma importância para o início da minha carreira profissional, lembrando que o Senhor nos aconselha a sermos fortes e corajosos, conforme está escrito em Josué 1:9: "Não fui eu que lhe ordenei? Seja forte e corajoso! Não se apavore, nem se desanime, pois o Senhor, o seu Deus, estará com você por onde você andar".

A advocacia e seus desafios

Minha jornada na advocacia não foi um caminho comum. Ao contrário de seguir os passos convencionais em um escritório de grandes proporções, optei por um caminho menos percorrido, um que me possibilitasse estar mais próxima das comunidades que mais necessitavam de auxílio jurídico.

Abri mão do meu trabalho como CLT em uma grande empresa, na qual os benefícios e a estabilidade ficaram de lado para que fosse possível aprender ainda mais dessa vasta área.

Esse estágio foi extremamente importante para minha formação e, mesmo operando em um escritório com apenas um advogado e eu, atendia muitos clientes de grandes empresas particulares.

Nele me tornei advogada associada e já contava com outros funcionários para comportar a demanda, entretanto beneficiar apenas instituições particulares não me satisfazia, pois senti a necessidade de atender às demandas de pessoas igualmente injustiçadas; eu sabia que ainda não estava cumprindo meu verdadeiro propósito: ajudar todos aqueles que necessitam.

A capacidade administrativa e a competência de gerir funcionários já fazia parte de minhas funções e, na pretensão de ficar mais próxima de meu filho, optei por dar início a um novo investimento em meu favor: abrir meu escritório.

Minha história empreendedora começou em 2011. Quando eu tinha apenas 25 anos, abri meu escritório na Zona Leste, a Tadim Neves Sociedade Individual de Advocacia LTDA., com o objetivo de prestar serviços para as classes socioeconômicas C/D/E, que não possuíam o devido acolhimento quanto às suas questões jurídicas e são incentivadas a abrir mão de seus próprios direitos. Como está escrito em Provérbios 31:8-9: "Erga a voz em favor dos que não podem defender-se, seja o defensor de todos os desamparados. Erga a voz e julgue com justiça; defenda os direitos dos pobres e dos necessitados".

A princípio, tive a pretensão de iniciar com um sócio, entretanto, assim que ele se deparou com um escritório simples em uma região periférica, preferiu desfazer a sociedade, pois não detinha as mesmas esperanças e expectativas que eu em aprimorá-lo.

Lidei e convivi com a solidão. No ramo da advocacia, é comum conversar, discutir e compartilhar opiniões. Imagine uma advogada, ainda no começo de carreira, que não tinha com quem dialogar, dividir opiniões ou confessar-se nos momentos mais difíceis. Naqueles dias, senti o impacto de estar completamente sozinha em um mundo recheado de possibilidades.

Toda a responsabilidade de decisões importantes recaiu unicamente sobre os meus ombros, e isso era um peso difícil de suportar, pois não havia alguém para sustentá-lo comigo e pude entender o que Tony Robbins, palestrante e escritor motivacional estadunidense, quis dizer: "O sucesso não vale nada se não temos alguém para partilhá-lo".

Com o passar do tempo e a captação de clientes, percebi a necessidade de ampliar o escritório. Comecei com uma secretária, logo após com um estagiário. Quando percebi, já contava com algumas filiais na própria Zona Leste. Mesmo após concluir a faculdade de Direito, em 2009, sabia que precisava de mais conhecimento para atingir meus objetivos e ampliar meu escritório. Em 2015, cursei minha primeira pós-graduação em Direito do Trabalho, no Centro Universitário das Faculdades Metropolitanas Unidas (FMU) para me aprimorar, sobretudo, na área à qual mais me dedicava: o direito trabalhista. No mesmo ano, foi promulgado o Novo Código de Processo Civil de 2015, quando comecei a observar um aumento da procura pelos serviços, em meu escritório, para resolver questões envolvendo a matéria. Decidi realizar um curso de extensão sobre o novo diploma, que estava em vigor no país desde 1973. Escolhi realizar o curso na Pontifícia Universidade Católica de São Paulo (PUC-SP), uma das faculdades mais bem conceituadas no Brasil e reconhecida no mundo inteiro, detentora do título de pontifícia desde 1947, concedido pelo Papa Pio XII.

A partir de então, comecei a pensar na possibilidade dos meus serviços irem além do Direito Trabalhista e Previdenciário, alcançando competências do Direito de Família e Sucessões, Direito do Consumidor e Direito Civil. Comecei a atender demandas não mais centralizadas no Estado de São Paulo, mas em outros Estados, como Rio de Janeiro, Paraná, Minas Gerais, entre outros. Optei por uma nova matriz, localizada no coração da Zona Oeste, ainda na capital de São Paulo, para estar próxima do Centro, em benefício de clientes e de funcionários.

A partir dessas conquistas, quebrei as expectativas de como funciona o crescimento dos advogados brasileiros. Em 2018, recebi meu primeiro prêmio, 7 anos após abrir meu primeiro escritório, e ali senti o retorno dos meus esforços. Pude ir além do esperado, por meio de uma mente extraordinária, visto que empreender no Brasil, ainda mais individualmente, não é uma tarefa fácil. Em razão da notoriedade de meu primeiro prêmio, pelo qual fui considerada referência nacional em advocacia e justiça, passei a receber mais clientes.

Acredito que este seja um fato que me distingue de muitos escritórios, os quais só conseguem se estabilizar após 5 anos de funcionamento e receber seu primeiro prêmio apenas 10 anos depois do início dos seus serviços. Em decorrência do meu destaque, resolvi voltar à PUC-SP em 2019 para fazer uma nova especialização em Direito do Trabalho, o que me ajudou nas resoluções processuais e novas captações de clientes, além disso, pude treinar novas pessoas e capacitá-las a trabalharem na área.

Foi o que me abriram as portas para o recebimento de novos prêmios em 2020. Após o reconhecimento de 2018 e a conclusão do curso de especialização em 2020, recebi novas distinções e comecei a ser convidada para entrevistas na área trabalhista e cível. Novos prêmios vieram e, pela primeira vez, fui digna de reportagens em revistas especializadas. Ainda em 2020, resolvi novamente voltar à PUC-SP para fazer mestrado realizei um curso de extensão na PUC-SP por um período de quatro meses (de 03/08/2020 a 07/12/2020) intitulado “Espanhol para fins específicos: leitura de textos acadêmicos”, durante o período caótico da pandemia.

Também atuei como professora assistente na mesma instituição, fato que requer um conhecimento extraordinário da matéria, pois na ausência do professor titular o assistente pode conduzir as aulas. Nesse espaço de tempo, descobri que minha filha mais nova é possuidora de TEA (Transtorno do Espectro Autista) e, embora ela não pudesse falar, não pude desistir tanto dela quanto do meu trabalho como advogada.

Dediquei-me a buscar palestras, livros e estudos destinados à melhoria de crianças que lidam com esta deficiência.

No percurso, conheci muitas mães que já haviam desistido de seus filhos, tentei servir de inspiração, pois com o tempo minha filha começou a falar, brincar e a aproveitar o que uma criança pode desfrutar ainda no começo da vida.

Entre todas as batalhas que travei, tenho a definitiva certeza de que esta foi a maior das vitórias.

Em 2023, realizei um trabalho de grande repercussão por meio da doutrina "O Contrato de Trabalho Intermitente", o qual foi implementado no Brasil após a Lei nº 13.467, de 13 de julho de 2017, conhecida como Reforma Trabalhista.

Além da notoriedade por prêmios e entrevistas concedidas para veículos midiáticos, minha doutrina foi citada pelos veículos de comunicação do Supremo Tribunal Federal, a mais alta corte de justiça do país.

Fico contente por ter alcançado dimensões astronômicas e tenho projetos para crescer ainda mais, inclusive, tive a oportunidade de ir aos Estados Unidos, onde conheci a necessidade de muitos brasileiros que vivem ilegalmente. Atualmente, alcancei a marca de 12.000 processos, quantia essa que vem aumentando cada vez mais.

É surpreendente ir do extremo da Zona Leste de São Paulo até um dos maiores países do mundo. Sei que não só eu, mas todos aqueles que ajudaram e ainda auxiliam minha jornada, estamos todos a crescer juntos, pela Tadim Neves Advocacia, o que eu alcancei por meio de muita persistência.

Nunca desista dos seus sonhos. Eles são o sentido do que nos muda e nos faz levantar a cada dia. Acredite em você, permaneça firme nos seus sonhos e objetivos, mesmo quando parecer duro. O caminho pode ser extenso, porém a satisfação dos seus sonhos valerá cada esforço. Não importa o quão grande ou pequeno seja o seu sonho, você é capaz de conseguir chegar ao impossível, desde que nunca desista. Permaneça acreditando, se esforçando e, acima de tudo, persista sonhando. Você é competente para mirar e alcançar o impossível.

03

EMPREENDENDO COM PROPÓSITO E COM COMPROMISSO COM O LEGADO

Empreender com propósito é mais do que buscar o sucesso financeiro, é deixar um legado significativo. Nossas ações refletem quem somos e o que queremos deixar para as próximas gerações. Ao reconhecer a finitude da vida, entendemos a importância de agir com propósito e empatia emocional. Cada um de nós tem um legado único a construir, e a mensagem essencial é que todos precisamos uns dos outros para alcançar um futuro de resultados e felicidade.

CLAUDIA LOLITA FREITAS

Claudia Lolita Freitas

CEO do grupo CLAC Contabilidade, doutora BPO, MEIContax, Previ Lady, Tributarie Serrana; ministra cursos, palestras, *workshops* e treinamentos nas áreas contábil e de planejamento sucessório, e com temas para os segmentos de mercado em que sua empresa contábil atua; pós-graduada em Contabilidade pela FGV-RJ e em Perícia Judicial pela Faculdade Mauá; MBA em Empreendedorismo Contábil (cursando); MBA em Gestão Tributária; Mestranda em Ciências Contábeis pela FUCAPE; youtuber dos canais CLAC Contabilidade e Dizpramimcontadora; advogada; corretora de imóveis; *coach executive business* pelo Instituto Tania Zambon; especialista em Direito Tributário; participante em mais de 300 cursos, seminários, congressos, mentorias; presidente da APCT - Teresópolis/RJ - por quatro anos; atual diretora do SESCON RJ (quarto mandato); sócia do Clube de Contadoras; *Leader Training* pelo Instituto Kenia Gama; especialista em Liderança de Negócios formada na Disney (EUA); participação na Imersão Internacional de Negócios do Vale do Silício/CA; apaixonada pelo empreendedorismo contábil e de negócios.

Contatos
claudialolita.com.br
claudialolita@grupoclac.com.br
Instagram: @dizpramimcontadora
Facebook e LinkedIn: @claudialolitafreitas
21 99989 7513

Há vitórias que exaltam, outras que corrompem; derrotas que matam, outras que despertam.
Antoine de Saint-Exupéry

Sou a primogênita de seis irmãos. Filha de uma cearense e um baiano que se encontraram no Rio de Janeiro. Sou a famosa carioca da gema. Meus pais se separaram muito cedo, e confesso que nem sei de onde veio a força de ser o que sou hoje. Não tive muitos exemplos de empreendedorismo de sucesso na família. Foram muitas batalhas e uma enorme jornada. Ainda por cima, tive o acidente de percurso de ser mãe solteira, aos 18 anos. Mas nem isso me impediu. Hoje sou uma mãe realizada, minha filha é um exemplo de mulher, também me deu meu amado netinho Miguel. Sou viúva, meu marido faleceu na pandemia da Covid-19 de 2020, depois de 64 dias internado. Sofreu tudo e mais um pouco do que você possa imaginar, e pior, sem merecer. Profissionalmente, tenho duas faculdades – Ciências Contábeis e Direito, 4 (quatro) pós-graduações, 2 (dois) MBAs, Mestrado em Ciências Contábeis, mais de trezentos cursos, seminários, congressos, mentorias. São oito empresas as quais lidero. Atualmente, faço um curso de Filosofia. Sou eclética e polímata. Sou uma pessoa que tem interesse em diversos assuntos e busco constantemente aprender coisas novas. Estudo e leio sobre vários assuntos, o conhecimento me encanta. E quanto mais estudo, parafraseio Sócrates, que dizia: só sei que nada sei.

Eu só estou te dizendo isso tudo para mostrar como é possível. Lógico que dediquei muito da minha vida a isso. Muitos anos de estudo, cursos e aprendizados. Muitas vitórias, mas também muitas derrotas.

E por isso meu intuito é provocar em você uma reflexão profunda, transmitindo meu conhecimento e o impacto das minhas ideias, experiências e como isso pode ser compartilhado com você. Mas uma coisa posso te garantir: não há sensação mais gratificante do que ver minhas experiências ganharem vida e como isso pode impactar a vida de outras pessoas, principalmente daquelas que leem este capítulo.

Propósito e legado

Empreender com propósito e o compromisso com o legado requer uma abordagem detalhada e reflexiva. Vou explorar como empreender com um propósito significativo e um compromisso duradouro com o legado pode impactar positivamente a sociedade e as gerações futuras.

Nós somos seres sociais. E, por isso, precisamos necessariamente uns dos outros. Tudo o que somos e nos tornamos, os outros fazem parte disso. Deus, pais, família, professores, amigos, clientes, colaboradores, vizinhos, colegas de turmas, irmãos de religião, enfim, tudo. Estamos inseridos em um ecossistema social, e somos parte disso tudo. E, para corroborar, no mundo atual, o empreendedorismo está cada vez mais associado à busca por um propósito mais profundo, além do lucro financeiro. No período pós-modernidade, o próprio conceito de empresa mudou. Hoje se diz que a empresa é uma unidade econômico-social, constituída por elementos humanos, materiais e técnicos, cujo objetivo é obter utilidades pela participação no mercado de bens e serviços. Portanto, empreender com propósito significa ter uma visão clara do impacto que se deseja causar no mundo e buscar soluções inovadoras e sustentáveis para os desafios enfrentados pela sociedade. É mais do que criar um negócio, é criar um movimento de transformação positiva.

Ao empreender com propósito, nos comprometemos a agir de forma ética, responsável e sustentável em todas as áreas do nosso negócio. Isso inclui a preocupação com o meio ambiente, o bem-estar dos colaboradores, a transparência nas relações com os clientes e a comunidade, entre outros aspectos. O propósito orienta todas as decisões e ações do empreendedor, garantindo que nossa empresa contribua de forma significativa para um mundo melhor.

Para você ter ideia, desde 2017 tenho um canal do YouTube, CLAC Contabilidade, e nele posto, ininterruptamente, dois vídeos por semana, e desde lá, temos o propósito primordial de ajudar os empreendedores a entender e conhecer diversos assuntos do mundo corporativo com uma ideia mais coloquial, de forma a contribuir com o mundo empreendedor. Não sou profissional, e não pense que não é difícil fazer isso e manter essa chama acessa.

No entanto, além do propósito, o compromisso com o legado é essencial para garantir a continuidade e o impacto positivo do empreendimento ao longo do tempo. Um empreendedor comprometido com o legado não pensa apenas no presente, também nas gerações futuras. Ele busca criar uma empresa que seja sustentável e relevante mesmo após sua saída, deixando um legado de inovação, valores e impacto social.

Empreender com compromisso com o legado envolve planejamento estratégico a longo prazo, investimento em inovação e tecnologia, desenvolvimento de lideranças e cultura organizacional sólida. O empreendedor deve pensar não apenas em como crescer rapidamente, mas em como construir uma empresa resiliente e capaz de se adaptar às mudanças do mercado e da sociedade ao longo do tempo.

Em 2018, entendi a importância da tecnologia digital para as empresas. Portanto, comecei a planejar a mudança digital das minhas empresas contábeis. Minha equipe era composta de algumas pessoas com mais idade, hábitos antigos e estava sendo difícil a implantação da mentalidade digital. Por isso, tomei a seguinte iniciativa: contratei quatro jovens da geração Millenials (Y), de idade entre 19 e 21 anos, para implantar a automação dos meus processos e dos sistemas e a sistematização de ferramentas digitais. Mesmo sem experiência no setor contábil, devido à facilidade de entender a tecnologia atual, eles implantaram com desenvoltura o processo digital nas minhas empresas.

Quando falamos de legado, nos referimos aqui à herança intangível que o empreendedor pode deixar. A parte "concreta" da herança engloba patrimônio, as participações societárias, o capital e até as oportunidades decorrentes do negócio, conforme diz Renato Bernhoeft (2018). Essa herança tangível pode ser avaliada em termos materiais, mas o legado não: ele está contido na história, nos valores, nos exemplos, na cultura da família e no afeto. Seu legado deve fazer sentido, em primeiríssimo lugar, para as pessoas que são significativas para você. Seja qual for o legado, ele será construído com base naquilo que você fez ao longo da vida para as pessoas à sua volta. É legítimo querer ser lembrado pelos valores que conduziram sua vida e o que você compartilhou com sua família, por exemplo, ou pelas iniciativas que tomou em benefício da sua comunidade, ou ainda pela postura solidária em relação às pessoas em condição vulnerável, ou pela empresa que você construiu ao longo da sua vida.

Em resumo, empreender com propósito e compromisso com o legado é mais do que uma estratégia de negócios, é uma forma de contribuir para um mundo mais justo, sustentável e equitativo. Os empreendedores que se dedicam a causas maiores do que o lucro financeiro são os verdadeiros agentes de mudança que transformam a sociedade e deixam um legado positivo para as gerações futuras.

A finitude da vida e nosso legado

Os gregos antigos tinham duas formas de encarar o tempo. A primeira estava relacionada ao passar dos dias, marcada pelo nascer e pelo pôr do sol e por uma série de fenômenos naturais, como as fases da lua e as estações do ano que acontecem de forma constante e inapelável. Esse tempo, portanto, é disposto sequencialmente em passado, presente e futuro: pode ser medido em dias, meses e anos, e é igual para todos. Na mitologia, é o tempo regulado pelo Deus Cronos, pai de Zeus. A outra forma de ver e lidar com o tempo era governada por Kairós, filho de novo de Zeus: diz respeito ao momento oportuno, aquilo que oferece uma chance única de dar início a uma obra extraordinária. A certeza da finitude do tempo, sobre esse ponto de vista, pode ser o grande estímulo para acumularmos experiências interessantes e para vivermos de forma intensa, por saber que esta é a única oportunidade que teremos para fazer isso antes que esse tempo se esgote.

Pensar na finitude da vida é confrontar-se com a certeza de que somos seres temporais, com um tempo limitado para viver e realizar nossos objetivos. A pandemia parece que deixou isso bem claro para nós, seres humanos. Essa consciência da finitude pode ser vista como um lembrete constante da importância de aproveitarmos cada momento, de buscarmos significado e propósito em nossas ações. Nesse contexto, o empreendedorismo se destaca como uma forma de transformar essa consciência em ação, de criar impacto e legado mesmo diante da impermanência de nossas vidas.

O empreender, nesse sentido, pode ser encarado como uma resposta criativa à finitude. Ao empreender, o indivíduo assume o desafio de criar algo, de superar obstáculos e de deixar sua marca no mundo. É uma forma de transcender a própria existência e de construir algo que perdure além da vida individual. O empreendedorismo, com sua capacidade de inovar, de gerar valor e de impactar a sociedade, torna-se uma expressão concreta da busca por significado e legado.

A finitude da vida nos lembra da urgência de agir, de não deixar para depois nossos sonhos e projetos. O empreendedor, ao reconhecer essa urgência, se lança no desafio de transformar ideias em realidade, de enfrentar o desconhecido e de criar algo que perdure. A incerteza do tempo que nos é dado para viver nos impulsiona a agir com coragem, determinação e foco, características essenciais para o empreendedor de sucesso.

Além disso, a finitude da vida nos convida para refletir sobre o legado que desejamos deixar. O empreendedor, ao assumir esse desafio, se compromete não apenas com o presente, mas com o futuro. Ele busca criar algo que vá além de si mesmo, que impacte positivamente as gerações futuras e que contribua para a construção de um mundo melhor. O empreendedorismo, assim, se torna uma forma de perpetuar valores, ideais e realizações que transcendem a individualidade.

Em resumo, a finitude da vida e o empreendedorismo estão intrinsecamente ligados pela busca por significado, propósito e legado. Enquanto a consciência da finitude nos lembra da importância de agir no presente, o empreender se apresenta como uma resposta criativa a essa realidade. O empreendedor, ao enfrentar os desafios e incertezas da vida, constrói um legado de inovação, impacto e transformação, deixando sua marca no mundo de forma duradoura e significativa.

Empatia emocional – uma arma poderosa para atingir objetivos

Por definição, empatia é "a arte de se colocar no lugar do outro por meio da imaginação, compreendendo seus sentimentos e perspectivas e usando essa compreensão para guiar as próprias ações "(KRZNARIC, 2015, p. 10). A empatia é a base para uma boa comunicação, para administração de conflitos, para negociações justas e melhores interações profissionais, além de ser promotora da diversidade de ideias e da aceitação das diferenças humanas.

Trata-se de uma competência sociocognitiva fundamental para relações humanas, que está presente, de certa forma, em nossa fisiologia: pesquisas recentes no campo da neurociência revelaram a existência dos neurônios-espelho, que orientam o cérebro a espelhar em nós aquilo que outras pessoas sentem. Isso significa que, quando vemos alguém em situação de alegria, de dor ou de sofrimento, muitas vezes refletimos as sensações como se aquilo estivesse acontecendo conosco. Nós, humanos, temos a capacidade de nos projetar em situações imaginárias e de nos colocar no lugar do outro "como se" estivéssemos passando pelas mesmas situações. Ser empático, portanto, faz parte do ser humano e essa habilidade pode ser desenvolvida em todo e qualquer momento da vida.

A empatia emocional é a capacidade de se colocar no lugar do outro, de compreender e sentir as emoções e experiências alheias. É uma habilidade fundamental para as relações humanas, pois permite estabelecer conexões profundas, promover a compreensão mútua e fortalecer os laços de solidariedade e empatia. A empatia emocional vai além da simples compaixão; é a capacidade de verdadeiramente sentir o que o outro sente, de se identificar com emoções e vivências.

Uma das principais características da empatia emocional é a capacidade de reconhecer e validar as emoções do outro, sem julgamentos ou preconceitos. É a habilidade de se colocar no lugar do outro, de tentar compreender motivações, medos e alegrias. A empatia emocional envolve a escuta ativa, a comunicação não verbal e a capacidade de se conectar emocionalmente com o outro, demonstrando interesse genuíno por experiências e sentimentos.

Os desdobramentos da empatia emocional são vastos e impactam positivamente as relações interpessoais, a comunicação, a resolução de divergências e o bem-estar emocional. Quando somos capazes de praticar a empatia emocional, criamos um ambiente de confiança, compreensão e aceitação mútua. Isso fortalece os vínculos afetivos, promove a cooperação e a colaboração, e contribui para um clima de respeito e empatia no convívio social.

As consequências da empatia emocional são igualmente significativas, tanto a nível individual quanto coletivo. A empatia emocional nos torna mais sensíveis às necessidades e emoções dos outros, o que nos leva a agir de forma mais compassiva, solidária e inclusiva. Ela nos ajuda a superar barreiras de comunicação, a resolver conflitos de forma pacífica, a promover a igualdade e a justiça social. A empatia emocional também está relacionada à saúde mental e ao bem-estar emocional, pois nos permite lidar de forma mais saudável com o estresse, a ansiedade e a solidão.

A importância da empatia emocional para o ser humano é indiscutível. Ela é essencial para o desenvolvimento de relações saudáveis e significativas, para a construção de uma sociedade mais justa e empática, para o fortalecimento da nossa saúde emocional. A empatia emocional nos conecta uns aos outros, nos humaniza e nos lembra da nossa interdependência e da nossa capacidade de criar um mundo mais acolhedor e solidário.

Em suma, a empatia emocional é uma qualidade essencial para o ser humano, que nos permite compreender, respeitar e acolher as emoções e vivências dos outros. Ela promove a empatia genuína, a comunicação eficaz e o desenvolvimento de relações saudáveis e significativas. Ao cultivarmos a empatia emocional em nossas vidas, contribuímos para a construção de um mundo mais humano, solidário e compassivo.

Aplicando a empatia emocional, eu pude melhorar substancialmente a qualidade de meus relacionamentos pessoais e profissionais. Hoje, com esta habilidade, me considero um ser humano muito melhor.

Namastê: "O Deus que habita no meu coração saúda o Deus que habita no seu coração".

Tenho uma proposição: Qual foi o maior *insight* que minha mensagem, neste capítulo, gerou em você?

Essa proposição tem um objetivo. Somos seres únicos, dotados de inteligência, sentimentos, desejos, anseios, vitalidade, sonhos, mas também da finitude humana. Um dia seguiremos desta vida. Portanto, cada minuto é vital e nos serve de experiência. Nosso propósito deve ser claro e visionário. Segundo Platão, cada alma vive em uma estrela e se incorpora à criança que nasce, dotando-a dos sentimentos e das ideias que a guiarão ao longo da vida. Isto, para mim, tem um sentido figurado, para afirmar que você é único, e pode deixar o rastro de sua estrela por onde passar.

Eu preciso de você, e você precisa de mim. Precisamos uns dos outros. Nossas estrelas compõem o universo. A certeza da finitude da vida pode ser um grande estímulo para encontrarmos nosso propósito, acumularmos experiências interessantes para deixar um legado e vivermos de forma intensa e feliz. Portanto, propósito é aquilo que define nossa razão de existir. Pergunte-se: Para que estou aqui? Qual o porquê do que estou fazendo agora? Para quem e como fazemos o que fazemos?

O legado nada mais é do que a marca pessoal das nossas realizações pela narrativa das pessoas que conviveram conosco. Ele une as três dimensões do tempo, já que as ações concretizadas no passado inspiram pessoas no presente para beneficiar outras pessoas no futuro.

Deixar um legado significativo não exige, necessariamente, obras grandiosas nem um feito ambicioso, de dimensão universal. Seu legado faz sentido para você e para as pessoas que você respeita e ama? Como você deseja que as pessoas reajam ao se lembrar de você? Do que você gostaria que elas se lembrassem? O que as pessoas falariam sobre você, sobre sua empresa? É isso. É sobre isso. Desejo a você muito amor, porque o Deus que habita no meu coração saúda o Deus que habita no seu coração. Desejo que seja feliz sempre. Ah, mas não se esqueça: a felicidade depende muito de você, de suas escolhas, de seus desejos e das consequências disso tudo.

Referências

DOLABELA, F. *O segredo de Luísa* – uma ideia, uma paixão e um plano de negócios: como nasce o empreendedor e se cria uma empresa. Rio de Janeiro: GMT Editores Ltda, 2008.

ROSENBERG, M. B. *Comunicação não violenta:* técnicas para aprimorar relacionamentos pessoais e profissionais. São Paulo: Ágora, 2006.

SAMPAIO, M. *Empreender na maturidade – reinvente-se*. São Paulo: SENAC São Paulo, 2020.

04

O CAMINHO DA GRATIDÃO

UMA HISTÓRIA DE AMOR E PROPÓSITO NA EDUCAÇÃO INFANTIL

É um convite inspirador que leva a refletir sobre a importância da gratidão e do propósito na educação das crianças. Por meio de uma jornada emocionante, somos convidados a enxergar o impacto transformador em nossas vidas. Ressaltando a relevância de nutrir não apenas o intelecto, mas também o coração.

CRISTINA MARTINEZ

Cristina Martinez

Educadora parental, especialista em Medicina Comportamental pela Universidade Federal de São Paulo (UNIFESP), apaixonada pelo desenvolvimento infantil, diretora e mantenedora da Escola de Educação Infantil Ver Crescer há 22 anos, autora do livro infantil *best-seller O Solzinho de todas as cores*; do livro infantil *Acenda sua luz*; coordenadora editorial dos livros *O mundo da criança vol. 1: como ajudá-las a solucionarem seus próprios problemas e entenderem suas emoções, O mundo da criança vol.2: emoções e aprendizagem; Disciplina e afeto: como criar filhos emocionalmente fortes e preparados para o mundo e Manual de educação parental: transformando desafios em oportunidades*, todos publicados pela Editora Literare Books International. Ministra palestras e *workshops* voltados à primeira infância.

Contatos
crismartinez@vercrescer.com
Instagram: @cri_martinez_
11 99741 7644

Inicio este capítulo me apresentando. Muito prazer, sou Cristina Martinez e, neste espaço, dividirei minha história, desafios e conquistas na busca e concretização do sonho como uma empreendedora apaixonada pelo poder transformador da educação infantil.

Desde jovem, com apenas 13 anos, esse desejo da educação infantil já fervilhava em mim, mas naquela época minha família não compreendia minha inclinação inicial para ser professora. No entanto, a chama desse sonho apenas crescia com o tempo, impulsionando-me a seguir adiante mesmo não sabendo como chegar até lá.

Optei, então, pela carreira do magistério, mesmo diante dos tabus e das descrenças que rodeavam essa escolha. "Você vai passar fome se for professora", "Isso não dá dinheiro", "Você não tem perfil para ser professora", eles diziam. E esses eram apenas alguns dos comentários desencorajadores que ouvia. Contudo, eu estava determinada a trilhar meu próprio caminho, mesmo diante das dificuldades diárias de morar na periferia e passar horas no transporte público.

Após concluir o magistério em uma escola estadual, prossegui com meus estudos e, mesmo após o casamento, quando o sentimento errôneo de "já está muito tarde para fazer um curso superior" veio até mim, entrei e concluí, com muita coragem, a faculdade de pedagogia, uma das minhas maiores realizações como profissional. E para minha surpresa, logo depois da maternidade, uma pós-graduação em medicina comportamental pela Universidade Federal de São Paulo.

Permaneci atuando como professora. Minha jornada me levou a uma escola renomada na Grande São Paulo, na qual passei cinco anos e experimentei um crescimento profissional significativo, porém as discrepâncias de comportamento que eu observava nas diretoras e gestoras da escola não se alinhavam com minha visão de uma infância saudável e feliz, e foi nesse momento que tive uma epifania.

A busca por oportunidades foi grande, anos se passaram até que, enfim, uma proposta surgiu, oferecendo-me a chance de ter meu próprio espaço. Teve muito trabalho envolvido desde a idealização das cores das salas de aulas até concepção de grade educacional, e foi então que percebi que estava prestes a realizar meu sonho, aos 29 anos, às vésperas dos 30.

Assumi o espaço que se tornou a escola "Ver Crescer", e iniciei dando as boas-vindas a apenas quatro crianças, cada uma com sua singularidade e desafios. Esse foi o marco inicial de uma jornada que completou 22 anos em 2024, assinalada por turbulências, mas também por uma resiliência inabalável.

Abraçando essa jornada com determinação, a quantidade de crianças matriculadas foi crescendo, e pude dar vida à minha visão ímpar na área do berçário e da educação infantil, focada não apenas no lucro, mas na construção de uma base sólida para o desenvolvimento das crianças. Foi introduzida a abordagem educacional baseada nos 4 pilares da educação: aprender a conhecer, aprender a fazer, aprender a conviver e aprender a ser, mesmo em um contexto em que tal modelo ainda não era amplamente reconhecido e instruído dentro das escolas. Acho produtivo pincelar esses conceitos para que tenham um olhar sobre a importância deles:

No "Aprender a Conhecer", referimo-me ao desenvolvimento da capacidade cognitiva das crianças, incentivando a busca pelo conhecimento e o desenvolvimento de habilidades de pensamento crítico. Na prática, na Escola Ver Crescer, isso se traduz em proporcionar às crianças experiências de aprendizado significativas, estimulando sua curiosidade natural e promovendo a exploração ativa do mundo ao seu redor. Isso pode incluir atividades que envolvam investigação, pesquisa, leitura, exploração sensorial e experimentação, tudo com o objetivo de ampliar o repertório de conhecimentos das crianças.

Já o "Aprender a Fazer" enfatiza a importância do desenvolvimento de habilidades práticas e da capacidade de aplicar o conhecimento de forma concreta, ou seja, proporcionar às crianças oportunidades para desenvolver habilidades práticas, criativas e motoras, por meio de atividades como arte, música, jogos, brincadeiras e projetos práticos. A ideia é que as crianças aprendam fazendo, experimentando e construindo, o que contribui para o desenvolvimento da autonomia, da confiança e do senso de realização.

O "Aprender a Conviver" diz respeito ao desenvolvimento das habilidades sociais e emocionais das crianças, incentivando o respeito mútuo, a cooperação, a empatia e a resolução pacífica de conflitos. Isso se reflete em criar um ambiente acolhedor e inclusivo, no qual as crianças se sintam seguras para expressar emoções, interagir com os outros e desenvolver relacionamentos saudáveis. Pode envolver atividades que promovam a colaboração, o trabalho em equipe, a comunicação eficaz e a valorização da diversidade.

E por último, mas não menos importante, "Aprender a Ser", um pilar que destaca a importância do desenvolvimento pessoal e do autoconhecimento das crianças, incentivando a construção de uma identidade própria, valores éticos e uma visão de mundo positiva. Na Escola Ver Crescer, isso significa proporcionar às crianças oportunidades para refletir sobre si mesmas, suas emoções, suas habilidades e seus interesses, além de estimular o desenvolvimento de habilidades socioemocionais como autoestima, autoconfiança, autonomia e resiliência. Isso pode ser alcançado por meio de atividades como meditação, Mindfulness, contação de histórias, discussões em grupo e projetos de autoexpressão.

Portanto, eu notava que nos espaços em que trabalhava, de modo geral, os conceitos não eram utilizados com sua potência máxima. Na verdade, eram utilizados de forma desalinhada, explorando pouco a capacidade infantil. E ter a oportunidade de poder colocar teorias e bases consolidadas dos estudos que eu fazia na prática escolar, na rotina das crianças, e ver os resultados de forma concreta, foi sem dúvida mágico de se ver – e até hoje é.

Ser empreendedora no Brasil, especialmente na área da educação, não é tarefa fácil. Apesar de eu ter tido um rápido crescimento no número de alunos, a pandemia da Covid-19 nos fez entrar em uma grande crise. Ainda mais desafiador é garantir que minhas professoras, muitas delas recém-saídas da faculdade, recebam formações adequadas para oferecerem uma educação de qualidade, especialmente na primeira infância, e a oportunidade de fazer diferente com elas, como eu gostaria que tivessem feito comigo, com boas oportunidades e métodos quando eu estava iniciando, é incrível. Incrível também é ver o número de alunos gradualmente aumentando conforme a pandemia foi se distanciando e nós nos aperfeiçoando e adequando à nova realidade, afinal, cada ano é um ano, e a tecnologia e novas formas de pesquisa e ensino se aprimoram a todo momento.

Até hoje, mantenho-me em constante busca pelo conhecimento, estudando incansavelmente para me manter atualizada e oferecer o melhor para as crianças que confiam em mim e na Escola Ver Crescer. É o amor que nutro pela arte de ensinar e educar. As relações humanas, o acolhimento e o diálogo que são os pilares que sustentam meu trabalho, trazendo evolução não apenas para as crianças, mas também para suas famílias e minhas colaboradoras.

Neste mundo movido por números e resultados tangíveis, é fácil esquecer o verdadeiro tesouro que reside na paixão pelo que fazemos. É um lembrete constante de que toda jornada tem altos e baixos e a vida não é um gráfico, não importa o quão árduo seja o caminho, a verdadeira prosperidade surge da entrega apaixonada ao nosso propósito. É a energia do amor, da dedicação, reinvenção e da vontade que atrai a abundância para nossas vidas, mesmo diante dos desafios mais difíceis. Acredite, o reconhecimento chega.

A cada amanhecer, mergulho profundamente na minha paixão pela educação, estando ciente de que não se trata apenas de uma profissão, mas sim de uma missão de vida, e todos nós carregamos uma missão. Descobri-la e desbravá-la, independentemente se for uma profissão, um *hobby* (que pode se tornar profissão) ou um cuidado, é o que traz sentido a toda jornada. E por isso, a palavra que carrego comigo a cada dia, como um precioso tesouro, é gratidão. Gratidão pela oportunidade de estar presente neste espaço, rodeada por uma equipe que compartilha do mesmo propósito e me oferece suporte em todos os momentos. Compreendo que é a dedicação aos detalhes, os anos de persistência e a crença inabalável na minha causa que verdadeiramente fazem a diferença. Afinal, minha profissão está entrelaçada ao meu próprio ser, e não há riqueza no mundo que possa superar a satisfação de saber que estou cumprindo meu propósito, guiada pelo amor e pela gratidão.

Acredite no seu sonho, na sua missão, naquilo que você verdadeiramente ama, que gostaria de fazer, e faça. Faça mesmo nos dias em que tudo parecer não dar certo, porque constância é mais importante que intensidade, mas conseguir combinar as duas é algo implacável. Abrace aquelas chances que parecem ser pequenas, mas que você sente que podem se tornar algo maior, aproprie-se delas, porque achar as oportunidades e abrir as portas não é fácil. Reinvente-se, porque haverá momentos em que não terá retorno e precisará se lembrar de que absolutamente todo processo tem seus desafios, mas que a chave é você. É acreditar na sua missão e não desistir. Se sentir que é isso que move sua fé, você é um agente transformador e tem o poder de irradiar luz na área que escolher.

05

TRILHANDO O CAMINHO DA LIDERANÇA

Enfrentei muitos desafios como supervisora pedagógica após fundar uma escolinha. Um conflito inicial entre professoras me ensinou sobre a complexidade da gestão de pessoas. Após cinco anos, mudei de escola devido ao burnout, causado por excesso de trabalho e falta de cuidado com a saúde mental. Na nova escola, adaptei-me a uma rotina noturna e alunos adolescentes. Com diversas graduações e especializações, apliquei teorias na prática, aprimorando minha atuação. A diversidade de experiências tem sido a força motriz de meu crescimento profissional e pessoal na educação.

DALVA SILVANY

Dalva Silvany

Graduada em Pedagogia pela UFMG (2006), em Filosofia pela UFLA (2017); pós-graduada em Educação Empreendedora (UFSJ), em Psicopedagogia (UNYLEYA), em Neurociências e Aprendizagens (IPEMIG), com formação em Psicanálise e Hipnoterapia, Neuromarketing (IBN), entre outros cursos de extensão e formação. Seu diferencial é ser apaixonada por aprender cada vez mais sobre o desenvolvimento humano e ajudar o maior número de pessoas possível a alcançar o propósito de vida. Pedagoga, psicanalista e palestrante.

Contatos
professoradalvao@gmail.com
Instagram: @dalvasilvany
LinkedIn: @dalvasilvany
31 99239 5305

Ingressei na minha jornada como supervisora pedagógica aos 36 anos de idade, marcando uma transição na minha trajetória profissional. Contudo, minha incursão no campo da educação teve início aos 22 anos, quando fundei minha escolinha de educação infantil. Esses primórdios, repletos de desafios e aprendizados, foram narrados em outra obra publicada, pois hoje meu foco recai sobre os caminhos da supervisão pedagógica e gestão de pessoas.

O trabalho de supervisora pedagógica é um labirinto de responsabilidades, em que cada passo é um desafio do trabalho coletivo. A necessidade de alinhar-se com as diretrizes da gestão escolar, orientar e monitorar o desempenho dos professores, mediar conflitos entre pais e educadores, zelar pela relação aluno-professor e administrar as demandas burocráticas são apenas algumas das muitas peças desse complexo trabalho. No centro desse desafio, está a gestão de pessoas, uma tarefa que exige equilíbrio entre autoridade e empatia.

As relações humanas são algo incrível por causa da diversidade de indivíduos, crenças, aspirações, genética, meio cultural; alguns dos desafios desse relacionamento. Cada professor, pai e aluno traz consigo uma história única, moldada por experiências, valores e expectativas. Nesse contexto, a diversidade de público envolvido amplifica a complexidade da tarefa, exigindo do supervisor pedagógico uma habilidade excepcional de navegar entre as águas turbulentas das interações interpessoais.

Recordo-me bem do meu primeiro dia nesse papel desafiador, quando fui confrontada com uma cena que poderia muito bem ter sido retirada de um drama familiar. Duas professoras, mais maduras e experientes do que eu, entraram em minha sala aos gritos e acusações. O impacto foi imediato, pois o respeito que sempre nutri pelas gerações mais velhas ecoava em minha mente. Diante disso, fiquei paralisada sem conseguir reagir àquela situação ridícula dentro de uma escola. Se as próprias professoras não conseguem se comunicar de forma adequada, imagine os alunos, pensei eu. A perplexidade turvava meu raciocínio, deixando-me estática, incapaz de articular qualquer resposta. Foi somente com a intervenção firme da diretora que a tempestade foi acalmada e a ordem restaurada, servindo como um lembrete que grandes desafios seriam enfrentados nesse novo trabalho que estava apenas começando.

Desde aquele episódio do primeiro dia como supervisora pedagógica, tenho enfrentado inúmeros desafios e aprendido lições valiosas sobre a arte da gestão de pessoas. Cada dia é uma jornada de autodescoberta e crescimento, em que o equilíbrio entre a firmeza e a compaixão se revela como a chave para o sucesso. Enquanto continuo a trilhar esse caminho, mantenho-me firme na convicção de que, apesar dos desafios, o impacto positivo que posso gerar na vida dos alunos, dos professores e da comunidade escolar como um todo faz valer cada obstáculo enfrentado.

Mas qual foi o motivo de ter havido a discussão entre as professoras? Tudo começou devido a um incidente durante o recreio, quando os alunos de cada uma delas se envolveram em um desentendimento. Uma das professoras repreendeu um estudante que não pertencia à sua turma, o que provocou a indignação da outra, argumentando que não importava a turma do aluno, mas sim a necessidade de corrigir comportamentos inadequados. Esse embate foi o estopim para a briga que presenciei em minha sala de forma tão indigna para o cargo ocupado por elas. A diretora, ao intervir na resolução do conflito, me instruiu sobre como agir diante de tais circunstâncias; e para minha surpresa, disse que não era a primeira vez que as duas causavam esse tipo de confusão, que existia uma rixa antiga entre elas.

Apesar do impacto inicial desse episódio, jamais considerei a possibilidade de desistir diante dos desafios que se apresentavam. Ao contrário, encarei cada obstáculo como uma oportunidade de crescimento e aprendizado. Durante os cinco anos em que atuei como supervisora pedagógica nessa escola, nunca mais enfrentei uma situação semelhante, o que me deixou muito feliz. Uma das professoras se aposentou em pouco tempo e a outra continuou se mostrando uma pessoa difícil de lidar com os colegas, mas nada que prejudicasse muito. Depois de alguns anos, pedi transferência para outra escola com uma realidade diferente da que estava inserida. O motivo do pedido? Trabalhei tanto, fui além do que deveria ou poderia, recebi vários elogios sobre o desempenho do meu trabalho, no entanto esqueci-me de cuidar da minha saúde mental e tive um burnout. Foi exatamente isso, e é lógico que o diagnóstico não foi imediato, não era um assunto divulgado como ocorre atualmente, por isso o sofrimento foi ainda maior. Diante de altos e baixos, foi percebido que o problema estava no ambiente de trabalho, por isso o melhor seria eu mudar de ambiente. Assim, lá fui eu para uma nova experiência em que tive grandes aprendizados e sucesso.

Na nova escola, minha rotina de trabalho passou do período matutino para o noturno, e a composição do corpo docente mudou significativamente, predominando agora professores do sexo masculino. Além disso, os alunos eram adolescentes, em contraste com as crianças com as quais eu estava habituada a lidar. Diante dessa nova realidade, percebi que eu gostava muito de desafios e que aprender como fazer o melhor possível no meu trabalho me deixava muito feliz. A diversidade de experiências e desafios ao longo da minha trajetória como supervisora pedagógica tem sido a força motriz do meu crescimento profissional e pessoal, moldando-me em uma profissional mais completa e preparada para enfrentar as demandas do universo educacional.

Nesse período, eu era graduada em Pedagogia com especialização em educação empreendedora. Resolvi me graduar também em Filosofia, especializei-me em Psicopedagogia, concluí uma formação em Psicanálise, tudo para entender melhor as pessoas e contribuir de forma mais assertiva na gestão de pessoas. Eu levava cada aprendizado adquirido na teoria para a aplicação prática, buscando analisar os efeitos positivos ou não.

Conselho para quem está iniciando a carreira

Esteja sempre aberto ao aprendizado contínuo e à adaptação. A educação é um campo dinâmico, repleto de desafios e mudanças constantes. Mantenha-se flexível, busque oportunidades de crescimento e esteja disposto a enfrentar novos desafios com coragem e determinação. Lembre-se de que cada obstáculo é uma oportunidade de aprendizado e crescimento, e que a empatia e a compreensão são fundamentais para uma gestão eficaz de pessoas. Nunca subestime o poder da escuta ativa e da comunicação aberta. Cultive relacionamentos positivos com sua equipe e mantenha o foco no bem-estar e no desenvolvimento dos alunos.

Principais desafios nesse novo local de trabalho

Era comum lidar com docentes que não se comprometiam com horários, faltavam sem aviso prévio e enfrentavam dificuldades na interação com os alunos. A cultura de cumprimento de regras era praticamente inexistente. Primeiro, analisei todas as situações que precisavam de melhorias e, como eram muitas, eu as coloquei em ordem de prioridades, começando por aquelas que eu acreditava serem mais urgentes. Ao mesmo tempo, decidi buscar uma graduação em Filosofia, complementando minha formação anterior em Pedagogia com ênfase em gestão escolar. Entendi que compreender as nuances da natureza humana é fundamental para uma gestão eficiente de pessoas; e a Filosofia, ao abordar questões fundamentais da existência e do conhecimento humano, oferece valiosas perspectivas nesse sentido. Tenho muito orgulho de ter tomado essa decisão.

Após menos de três meses de trabalho, pude testemunhar mudanças consideráveis na dinâmica escolar. As faltas passaram a ser comunicadas com antecedência, salvo em casos de imprevistos. Por meio de conversas frequentes, busquei conscientizar os professores sobre a importância do compromisso coletivo, incentivando a comunicação aberta e o engajamento contínuo. Disponibilizei meu número de telefone pessoal, encorajando a equipe a entrar em contato sempre que necessário.

Além disso, programamos estratégias para promover maior envolvimento dos alunos com o processo de aprendizagem. Muitos deles vinham de famílias de baixa renda e com pouca instrução, desacreditando na possibilidade de alcançarem um nível educacional mais elevado. Por isso, estabelecemos incentivos à presença e ao comportamento disciplinado, como recompensas simbólicas para os alunos que compareciam regularmente às aulas. Essa abordagem, baseada na valorização do esforço e do comprometimento, contribuiu para criar um ambiente mais favorável ao aprendizado e ao desenvolvimento acadêmico dos estudantes, refletindo positivamente no trabalho dos professores e no desempenho geral da escola.

Além disso, ao promover maior envolvimento dos alunos com o processo de aprendizagem, reconhecemos o poder transformador da educação na vida desses jovens provenientes de famílias de baixa renda. Compreendemos que a escolarização não é apenas um meio de adquirir conhecimento, mas também uma ferramenta fundamental para romper ciclos de pobreza e abrir portas para oportunidades futuras. Ao incentivarmos a presença e o comportamento disciplinado, estamos não apenas cultivando hábitos de estudo, mas também fomentando a autoestima e a confiança desses alunos em suas próprias capacidades. Ao criar um ambiente mais propício ao aprendizado e ao desenvolvimento dos alunos, estamos contribuindo para uma sociedade mais justa e igualitária.

A jornada da liderança

Liderar não é apenas uma questão de delegar tarefas e garantir que estas sejam cumpridas. Trata-se de compreender a natureza humana e extrair o melhor de cada indivíduo. O bom líder é aquele que reconhece a singularidade dos membros de sua equipe e adapta as estratégias de gestão de acordo com as necessidades e características individuais. Isso significa entender que o ser humano é complexo e multifacetado, e que o que funciona com um colaborador pode não funcionar com outro. Por essa razão, é essencial estar aberto a mudanças e rever constantemente as estratégias de liderança.

Em muitas situações, é mais fácil para um líder responsabilizar os subordinados por um desempenho medíocre do que reconhecer a necessidade de se capacitar e buscar diferentes abordagens para alcançar o melhor resultado. É fundamental garantir o envolvimento e o comprometimento de cada membro da equipe, promovendo um ambiente de trabalho colaborativo e participativo.

Um dos maiores desafios enfrentados pelos líderes é garantir uma comunicação eficaz dentro da empresa. Ruídos na comunicação podem levar a mal-entendidos e conflitos desnecessários, prejudicando o desempenho da equipe e minando a cultura organizacional. Ao criar um ambiente de trabalho inclusivo e respeitoso, no qual as diferenças são valorizadas, o líder contribui para extrair o melhor de cada membro da equipe.

Atuar em cargos de supervisão, coordenação ou qualquer outra posição que envolva gestão de pessoas é uma paixão para muitos profissionais. No entanto, para ser um líder eficaz, é necessário investir continuamente em desenvolvimento pessoal e profissional. Isso inclui buscar conhecimento e habilidades que permitam lidar com as constantes mudanças na dinâmica do trabalho e nas demandas da equipe.

Por fim, é importante destacar que a aprendizagem contínua e o desenvolvimento emocional são componentes essenciais da liderança eficaz. Um líder empático e colaborativo é capaz de inspirar e motivar sua equipe, promovendo um ambiente de trabalho saudável e produtivo. Se necessário, o líder pode buscar apoio de profissionais especializados em desenvolvimento humano para ajudar a criar um ambiente de trabalho inclusivo e acolhedor. Os desafios da liderança são muitos, mas aqueles que estão dispostos a investir no crescimento pessoal e no desenvolvimento de sua equipe colherão os frutos de um trabalho bem-sucedido.

Se estou nesse mesmo ambiente até hoje? É claro que não. Como disse anteriormente, gosto de desafios e novos aprendizados. Depois de quatro anos, fui trilhar outros caminhos. Continuo estudando, capacitando e amando o que faço. Lidar com pessoas, manter a determinação, buscar soluções para os problemas e alcançar metas continuam sendo parte do meu trabalho em qualquer local que eu esteja. Quanto ao meu trabalho atual, pode ser que seja capítulo para outro livro.

06

DE GRÃO EM GRÃO, EIS UM CONTO

Este capítulo é a história de um mineiro, bom de conversa e com muita fé no coração que não se intimidou diante das dificuldades e foi à luta, tornando-se um dos empresários mais bem-sucedidos na área de alimentação. Como bom contador de causos, a sua história tornou-se livro e motivo de inspiração para aqueles que, como ele, acreditam na capacidade de conquistar seus sonhos.

ELOIZO DURAES

Eloizo Duraes

Empresário do ramo alimentício. Graduado em Administração de Empresas pela Faculdade São Judas Tadeu. Pós-graduado e Mestre em Administração e Planejamento pela Faculdade Metodista. Atua há mais 30 anos na área comercial.

Contatos
www.fundacaogentil.org.br
Instagram: @fundacaogentil
Facebook: @fundacaogentil

Meu amor e minha paixão pela vida, esta vida sofrida, mas querida, como o sol do dia e como a lua que aparece e se esconde, quando o céu lhe pede para descansar. Em cada manhã, os sonhos e os sofrimentos se renovam e aparecem as orações, que chegam para nos ajudar, nos dizer para não desistir, para não reclamar, para não dizer adeus. As orações têm poder imensurável nas nossas vidas. Peço sempre a Deus amado que me dê sua misericórdia, seu perdão e sua proteção aqui neste meu mundo em que improviso fazer a minha vida.

Na minha história de vida, o trabalho sempre foi a minha principal religião, fonte de fé e de esperança. Por todas as experiências que a vida me reservou, algumas doloridas demais, outras nem tanto; algumas alegres, me ensinando como podemos entender os momentos muitas vezes sutis; outras bruscas, nos fazendo prosperar e caminhar na direção ou contra o vento.

No meu livro recente *Café, suor e lágrimas: um sonho quase perfeito*, com certa fidelidade, procurei mostrar um retrato do momento da minha vida de retirante e confesso, com meu sempre otimismo, até exagerado, deixei de falar de situações muito difíceis que passamos, mas que, na minha visão, não eram importantes no contexto da história maior.

A minha história de vida é meio *Morte e vida severina*, como *Vidas secas*, alguns espermatozoides que conseguiram passar pelas barreiras quase que intransponíveis pela dureza da vida e das tristes estatísticas. Em um lugar que nascer já era uma vitória, sobreviver era uma dádiva. Só restava a missão de retirante, viajar léguas e mais léguas atrás de um mundo novo, totalmente desconhecido. Somente a fé, muita fé, e a esperança poderiam amenizar os sofrimentos.

Como referi no meu livro, eu e minha família só queríamos ser pobres no Sul, no cafezal mais famoso do mundo, onde jorrava dinheiro para os proprietários. Assim, se fez a vontade de Deus, que abençoou nossas vidas e nos fez chegar até aqui, na terra estranha, mas que tinha chuva, terra boa, café florido, esperança e muitos sonhos. Minha vida foi se transformando à medida que o tempo ia passando e os sofrimentos diminuindo.

São Judas disse que "tudo que começa pela fé termina em milagre". Eu não tenho a menor dúvida de que a minha vida é um milagre de Deus. Terminei o ensino fundamental, antigo ginásio, com 24 anos. A probabilidade de prosperar pelas circunstâncias normais eram pequenas. Um jovem com 24 anos, só com o ginásio completo, o que esperar da vida a não ser que algum milagre acontecesse com a sagrada intermediação de Deus?

Vinte e quatro anos, ginásio completo, morando na Zona Leste, em São Miguel Paulista, longe do centro e da civilização. A lógica não recomendava outra coisa além de lutar pela sobrevivência. Nada além da fé e a esperança de novo milagre, no qual sempre acreditei, pudesse mudar o rumo da minha vida. De novo, milagre existe, é real e eu acredito.

Um jovem como eu, o que esperar a não ser uma mão invisível que pudesse me levar para algum caminho que não conhecia nem imaginava. Só a minha fé me permitia esse direito de sonhar que, na verdade, era meu esporte preferido: sonhar, sonhar, acreditar sempre que tudo seria possível e, em algum momento, a vida sorriria e permitiria construir um mundo melhor para mim e para minha família, principalmente para meus amados pais, Gentil e Anita, mineiros amados que, de Rubelita, lá no norte de Minas, até São Paulo, fizeram uma travessia por lugares e com pessoas estranhas que nos permitiu sobreviver.

Hoje, anos distintos daqueles momentos, restam lembranças, gratidão, perdão e experiências sagradas que somente esses migrantes mineiros sofridos e alegres, sempre de bem com a vida, puderam passar.

Em São Paulo, minha mãe agora completando 102 anos, lúcida e contadora de causos, se lembrou de quando fiquei dois anos banguela, pois não tinha dinheiro para pagar o dentista em Guarulhos para restaurar os dois dentes da frente, quebrados em um acidente. Em vez de arrancar, como era normal e barato na época, decidi que ficaria banguela até conseguir dinheiro para restaurar e não perder os dentes. Fiquei quase dois anos até ganhar algum dinheiro com horas extras e restaurar os dois dentes.

Assim era a minha vida, algumas coisas importantes, outras nem tanto, sobreviver era a principal, comprar uns sapatos novos era um acontecimento. Quando consegui restaurar os dentes, foi um momento de extrema felicidade, não parava de me olhar no espelho. A minha namorada, que me beijava mesmo sem os dois dentes, foi a primeira a me ver com os dentes restaurados e bem bonitos. A partir daquele dia, pude sorrir e beijar livremente, sem qualquer tipo de restrição.

A minha vida abençoada pelas mãos de Deus, novo emprego, o querido amigo Sidnei me pagou algumas mensalidades para o ensino médio em Técnico em Administração, no Colégio Aliança, na Rua Líbero Badaró, esquina com o Vale do Anhangabaú. Terminei o curso técnico e, depois de algum tempo, já com 28 anos, entrei na faculdade São Judas, em Administração de Empresas.

Formado na faculdade, fiz pós-graduação e mestrado na Universidade Metodista, em São Bernardo. Letrado, como diziam lá em Minas, em um emprego bom, fui lecionar na Faculdade Cruzeiro do Sul, em São Miguel Paulista, bairro em que moramos quando chegamos a São Paulo. Em um quarto e cozinha, onde minha mãe fazia o milagre dos ovos, com apenas 6 ovos cozinhava uma omelete para toda a família, iniciei o ginásio (hoje fundamental) com 20 anos e finalizei com 24 anos.

Agradeço ao meu querido amigo Sidnei, que me ajudou nos momentos mais difíceis, incentivando e me orientando. Amado querido, que hoje está confortavelmente no céu, comendo seu espaguete acompanhado com pão italiano e um belo vinho tinto. Querido e amado amigo, só quero lhe dizer meu eterno obrigado e minha imensa gratidão.

Com a minha juvenil ignorância, acompanhava pelo rádio todos os times do Brasil, especialmente os de São Paulo e do Rio. Mas também estava sempre antenado nos times dos outros estados. Inclusive, achei espetacular quando o Atlético Paranaense contratou os campeões do mundo Djalma Santos e Beline.

Algumas questões eu não entendia.

- Por que o time chamava Coritiba e não Curitiba, o nome da capital?
- Por que na comissão técnica do Botafogo não existia nem um bombeiro na equipe?
- Por que o time do Internacional só tinha jogadores brasileiros?
- Por que o time do Cruzeiro (moeda da época) só contratava jogadores em dólar?
- Por que times com o nome de santos, como São Paulo e Santos, tinham em seu elenco jogadores ateus?
- Por que o time do Juventude tinha vários jogadores veteranos?
- Por que o time do Vitória mais perdia do que ganhava?
- Por que o Palmeiras era Palestra Itália e mudou de nome? (entendi que foi por conta da Segunda Guerra Mundial).
- Por que a rivalidade entre Real Madri e Barcelona foi por causa da Guerra Civil Espanhola?

- Por que o Fortaleza, na época, era um time fraco?
- Por que o Náutico não era um time de futebol aquático?
- Por que o juiz podia roubar?
- Por que Pelé nunca deveria morrer? (nisso tinha razão).

Quando vi futebol pela primeira vez na TV, fiquei muito chateado pela frieza e lentidão dos lances porque, no rádio, os locutores falavam rápido e inventavam jogadas. Na minha imaginação, era um jogo eletrizante.

Essas eram as reflexões de um jovem de 19 anos recém-chegado à capital paulistana. Porém, o importante mesmo eram os estudos. Assim, quando arrumei meu primeiro emprego, comecei a estudar porque sabia que, pelo conhecimento e formação, teria a oportunidade de sonhar com uma vida melhor para mim e para meus pais.

O futebol, como falo no início do meu livro e neste texto, sempre foi e será a minha paixão, motivo para trabalhar, lutar e brigar com as dificuldades. Querendo ou não, era uma forma de lidar com as dificuldades de uma grande cidade, principalmente o medo, as dúvidas e as incertezas.

Depois de vários empregos em fábrica de panelas, conserto de bicicletas, ajudante de pedreiro, com o ginásio quase completo, graças ao amado amigo Alfredo, ou melhor, Sr. Alfredo, que me arrumou um emprego melhor em uma fábrica de vidros. Depois de um início difícil, conheci o novo chefe, o querido Sidnei, no setor de planejamento, que me acolheu, me ajudou tanto com apoio quanto no financeiro, me incentivando a fazer Técnico em Administração. Nessa época, com faculdade concluída, melhorei dentro da empresa de vidros, galgando vários níveis, inclusive do meu antigo chefe Sidnei.

Depois, veio a pós-graduação e, em seguida, o mestrado na Universidade Metodista, em Administração de Pequenas e Médias Empresas. Até fui chamado para lecionar na faculdade Cruzeiro do Sul que, por coincidência, fica em São Miguel Paulista, bairro que morei quando cheguei do Paraná, expulso pela crise do café, que foi morto pelos efeitos de uma geada sem precedentes na história do país. Como a minha família, vários agricultores deixaram suas pequenas terras em busca da sobrevivência nas cidades mais próximas ou nas maiores, como Curitiba e São Paulo.

Voltando à empresa em que trabalhava. Em determinado momento, veio uma luz do céu me dizendo que eu deveria tentar meu negócio durante uma viagem de Fortaleza para o Rio/SP, no voo da Vasp. Então, comuniquei à direção da empresa a minha saída. Apesar de ser muito amado e respeitado, minha vontade e missão prevaleceram.

Quando comecei meu negócio, a profecia se realizava. Conheci uma pessoa no CEASA (CEAGESP) que tinha uma empresa em dificuldade, ajudei-a a reestruturar a pequena empresa, que era uma 'pedra' no CEASA (construção com paredes chamada de box ou 'pedra'). Entrei como sócio e me tornei majoritário, melhorando o negócio que era somente a venda de hortifruti. Com o tempo, comercializei também alimentação pronta para empresas, hospitais e merenda escolar.

Desde o início até hoje, se vão quase 30 anos. Uma empresa nacional em vários Estados, com mais de 4 mil funcionários, que sobreviveu à pandemia da covid-19 e ao governo Bolsonaro.

Estamos vivos e fortes.

Obrigado.

07

MILAGRES A CONTA-GOTAS

Pequeno, porém grandioso, um livro verdadeiramente libertador para todos que buscam compreender a jornada da vida. Nele, você encontrará diversos motivos para sorrir, odiar, amar, chorar, enfrentar desafios e avançar em sua vida. E, depois, passará a percorrer o caminho de liberdade e oportunidades da vida. Terminar algo é melhor do que começar.

FÁTIMA STORINO

Fátima Storino

Escritora e empresária. Diretora da IZZO, que comercializa instrumentos musicais e acessórios. A empresa, que já é centenária, foi fundada por seu sogro e teve, na gestão, o marido, Aldo Storino Jr., a partir de 1978. Atualmente, a nova geração está no comando do negócio, com a filha de Fátima, Priscila Storino, como CEO.

Contatos
izzomusical.com.br
Instagram: @fatimarbm_
@reflexoes.storino

Milagre é um tema sobre o qual gosto muito de falar porque não há vida extraordinária sem uma atitude mental de fé em busca de milagre. Não há alta performance sem um olhar treinado para focar no lado bom de tudo o que acontece. O milagre decorrente da fé é muito praticado desde os tempos de CRISTO.

Ele fez sinais, prodígios e maravilhas. Seja por cura instantânea, como a famosa história da mulher do fluxo de sangue, que conta como uma mulher, tão cheia de dificuldades, conseguiu ter fé em JESUS e ser curada. Esse episódio se encontra em três dos quatro evangelhos: Mateus 9:20-22; Marcos 5:24-34; Lucas 8:43-48.

Estudos revelam que a fé no sobrenatural também é altamente benéfica para a saúde do corpo, alma e Espírito, e para os relacionamentos, pois o nosso manual do fabricante, Bíblia Sagrada, nos diz:

> Sem fé é impossível agradar a DEUS,
> pois quem dEle se aproxima precisa
> crer que Ele existe e que recompensa
> aqueles que o buscam.
> (Hebreus 11:6)

Os benefícios da fé são estudados desde os anos 1980 no Brasil. A Organização Mundial da Saúde (OMS) atesta que a fé influencia na saúde física, mental e biológica.

Um estudo populacional feito em 2001 pelo Centro Nacional de Adição e Abuso de Drogas dos EUA constatou que adultos que não consideram a religião algo importante em suas vidas consomem mais álcool e drogas do que aqueles que acham os credos relevantes, e têm uma vida mais desregrada no que diz respeito à saúde. É a versão real dos Simpsons. Homer Simpson faz pouco de qualquer fé, é obeso e alcoólatra. Já seu vizinho religioso, Ned Flanders, é regrado, tem saúde perfeita e é sarado.

Obviamente, isso não quer dizer que, ao entrar para uma igreja, você terá um corpo de atleta, mas aplicar a mesma disciplina que temos para seguir os preceitos bíblicos na vida pessoal pode fazer a diferença para a saúde e para o corpo.

Quando se busca um milagre, pela fé, temos muitos benefícios.

I. No físico

- Sistema imunológico mais forte.
- Menor incômodo com dores.
- Menor pressão sanguínea.
- Mais exercício e maior cuidado com a saúde.
- Qualidade no sono e mais energia ao caminhar.

II. No psicológico

- Maior nível de emoções positivas.
- Sensação de estar mais alerta, vivo e acordado.
- Mais prazer e alegria.
- Mais otimismo e felicidade.

III. No social

- Mais prestatividade.
- Generosidade e compaixão.
- Mais perdão.
- Mais extroversão.
- Menos solidão e isolamento.
- Um ímã de riquezas.

Outro benefício da fé reportado pelo Pr. Antônio Júnior, um dos maiores influenciadores digitais do mundo cristão no Brasil, aponta como a ciência está cada vez mais validando a fé como algo importante para o bem-estar físico e mental.

Hoje, em um contexto de um mundo cada vez mais laico, em que a ciência e a religião parecem se afastar, surgem novas evidências que mostram os benefícios da fé para o corpo e para a mente.

Dezenas de estudos mostram que fiéis são mais felizes, vivem mais, conseguem combater doenças e superar adversidades com mais facilidade.

O Manual do Fabricante nos ensina como obter essa fé que transforma:

"De sorte que a fé é pelo ouvir,
e o ouvir pela palavra de DEUS."
(Romanos 10:17)

Alguns versículos bíblicos nos instruem a respeito da fé:

"E JESUS lhes disse:
'Se tu podes Crer;
tudo é possível ao que crê.'
(Marcos 9:23)
'E JESUS lhes disse: Por causa da
vossa pequena fé; porque em verdade
vos digo que, se tiverdes fé como um
grão de mostarda, direis a este
monte: passa daqui para
acolá – e há de passar, e nada
vos será impossível.'"
(Mateus 17:20)

A fé é um ímã para o sucesso. Pessoas cheias de fé não precisam correr atrás da felicidade, porque elas simplesmente creem que acontecerá, ou seja, a cura no físico ou em algo que tanto desejam, seja familiar, profissional, sentimental, pois a fé nos leva muito mais além.

A fé não é uma atitude inata, é fruto de um trabalho constante para construí-la e desenvolvê-la. Treine a fé e em nunca duvidar, pois tudo é possível a quem crê. Seja intencional em demonstrar fé em cada pequeno momento do seu dia.

Este livro que você tem nas mãos é um excelente recurso para a construção de quem você decide ser a partir de hoje.

Lembre-se: comece o dia com a palavra de DEUS. Os primeiros minutos do seu dia, pela manhã, determinam a qualidade de todo o seu dia.

Vença a tentação de checar as últimas notícias ou as mais recentes atualizações das redes sociais. Assim que acordar, debruce sua mente e seu coração sobre a verdade que te liberta e te conduz para uma vida abundante.

A fé maximiza seu potencial, traz clareza a seus olhos e faz você enxergar coisas que não via antes. A fé traz luz às situações escuras. Conforme o seu hábito de expressar fé vai crescendo, passa a chamar coisas que não existem (Hebreus 11:1). A fé é a certeza que vamos receber as coisas que esperamos e a prova de que existem coisas que não podemos ver. Foi pela fé que as pessoas do passado conseguiram a aprovação de DEUS.

Boa leitura!

O poder de uma história baseada nos "milagres a conta-gotas"

Nesse contexto de fé e superação a todos os percalços da vida, superando-se da viuvez, surge então uma nova vida dentro de mim, e a cada dia aproveito todas as oportunidades que DEUS tem me permitido viver. O meu desejo, neste segundo livro, é incentivar mulheres a não desistirem de ser felizes.

Sempre pensando nas coisas do alto e não da terra (Colossenses 3).

Vivendo em amor, cumprindo o propósito de DEUS.

Se amar é um passo para a aceitação, o que você fez consigo mesma que se aproxima do amor?

Hoje eu defino a minha vida pela felicidade que tenho em obter novas oportunidades nesse meu novo siclo de vida.

E por meio do meu segundo livro, vejo uma forma digna de expressar o amor.

Deus sempre me surpreendendo e me fazendo acreditar que a primeira viagem que fiz no final de 2022 para Israel, em que passei por lugares incríveis, vivendo todos os meus sonhos, atravessando as muralhas de Jerusalém, tendo que andar por quase uma hora e meia em pedras-sabão escorregadias; se eu fosse olhar para as minhas limitações, não teria sido possível. Mas quando colocamos os nossos olhos em Deus que é o todo-poderoso, podemos concretizar sinais, prodígios e maravilhas mesmo com limitações. Naquela ocasião, eu estava com apenas 2 meses e meio de uma cirurgia grandiosa de prótese de quadril; e ainda depois de um luto e da minha segunda prótese de quadril, fui rumo a mais uma viagem, meses após retornar de Israel. Foi uma viagem lindíssima para Paris, em um curso de moda fashionista, em 2023, com minha filha Priscila. Lá, conheci mulheres incríveis, e nesse grupo maravilhoso formado pela então querida amiga de sempre, Jennifer Omeda, tive também a oportunidade e honra de conhecer uma escritora renomada, Maristela Rocha, que escreveu o livro *Think about it* e que hoje já está indo para o quarto livro, publicado em inglês e em espanhol. Ela me inspirou com muitas dicas e durante nossa conexão Paris-Portugal, conseguiu ler todo o meu livro. *Milagres a conta-gotas*, me incentivando a prosseguir nessa jornada, na qual muitas vezes nos sentimos incapazes, até mesmo improváveis. Como está no manual do fabricante, a "Bíblia Sagrada", "Deus escolheu as coisas loucas do mundo para envergonhar os sábios e escolheu as coisas fracas do mundo para envergonhar os fortes" (1 Coríntios 1:27).

Quando você se sentir desanimado, lembre-se de que Deus o escolheu para o seu propósito, por mais improvável que você se sinta como candidato. Ao fazer isso, Ele colocou diante de você uma porta escancarada para lhe mostrar Sua graça, Sua misericórdia e Seu poder ilimitados para transformar a sua vida. Quando Deus usa qualquer um de nós, embora todos possamos nos sentir inadequados e indignos, percebemos que a nossa fonte não está em nós mesmos, mas apenas Nele "porque a loucura de Deus é mais sábia do que os homens; e a fraqueza de Deus é mais forte do que os homens" (1 Coríntios 1:25).

Cada um de nós tem um destino, e não há absolutamente nenhuma desculpa para não o cumprirmos. Não podemos usar a fraqueza como desculpa, porque Deus diz que a Sua força se aperfeiçoa na fraqueza (2 Coríntios 12:9). Não podemos usar o passado como desculpa, porque Deus diz, pelo Apóstolo Paulo, que se alguém está em Cristo "é nova criatura; as coisas antigas já passaram eis que se fizeram novas" (2 Coríntios 5:17).

Passe algum tempo com você mesmo e faça uma lista de como se sente a respeito de si próprio. Qual é a imagem de si mesmo? Você se vê recriado à imagem de Deus Ressuscitado para uma vida inteiramente nova que está apenas esperando que você a reivindique?

Cada um de nós pode ter êxito em ser tudo o que Deus pretende que sejamos

E assim, sentindo-me capaz, fui adquirindo confiança e vieram tantas outras viagens incríveis proporcionadas por Deus em 2022 e 2023.

Neste ano de 2024, no início de março, fiz outra viagem dos sonhos, em que fui para Turquia e Grécia. Lá, tive o privilégio de conhecer ao vivo e em cores a história em que a Bíblia sagrada nos relata sobre as cartas do Apóstolo Paulo exortando as igrejas de Éfeso, Esmirna, Tiatira. Conheci também a igreja onde Maria mãe de Jesus ficou sendo cuidada pelo apóstolo João a pedido de Jesus, depois que subiu aos céus. E ainda realizei um sonho, passear de Balão na Capadócia. Depois fomos para a Grécia, onde visitei a igreja de Corinto e ficamos sabendo da história da deusa do amor, Afrodite, onde o apóstolo Paulo se inspirou para escrever 1 Coríntios 13, que fala sobre o amor. Mas, durante essa viagem que foi maravilhosa, quero deixar aqui registrado um testemunho de fé, só para edificar a fé de muitos leitores.

Estávamos no segundo dia de viagem na Turquia, quando, após o jantar, todos fomos descansar à noite, cada grupo para seu quarto. Ao entrar no banheira para um banho e relaxar, observei que havia um chuveiro somente dentro da banheira, que por sinal era muito alta e sem as barras de apoio. O único alerta que recebi do médico foi, devido às minhas duas próteses de quadril, tomar cuidado para evitar um possível escorregão, já que uma queda poderia deslocar as próteses, provocar muita dor e exigir outro procedimento. Ao descer da banheira, eu escorreguei e fui rolando pelo chão, tentando por diversas vezes me levantar, mas sem conseguir por causa da dor absurda que sentia. Fui me arrastando até o quarto, onde havia deixado o celular carregando, e imediatamente liguei para o médico. Apesar das 6 horas de fuso, contando o ocorrido, ele me orientou a tomar um medicamento de 6/6 horas e colocar gelo. Seria impossível manter as compressas de gelo em meio à viagem, em um país diferente, mas confiei que tudo ficaria bem.

No dia seguinte, devido à dor, contei para o grupo o que havia acontecido. A nossa primeira visita seria à igreja de Éfeso. Graças a Deus, uma das bispas que estava levando um bebê resolveu alugar uma van e me convidou a me juntar ao grupo. Aí já acontecia uma providência divina, visto que eu não precisaria ir de ônibus. Ao chegar a essa igreja, em que só havia pedras, uma ruína, em um dado momento foi feita uma oração, um ato profético ministrado pela bispa Virgínia Arruda, que disse: "Cada um de vocês, suba em uma pedra. Vamos aqui orar e declarar crendo no que DEUS irá fazer neste lugar".

Eu, com receio, subi em uma das pedras, um pouco alta para mim e, após as orações, a bispa declarou que nenhuma unha levaríamos conosco, que todo mal ficaria ali, e que batêssemos os pés três vezes naquela pedra. Descendo, continuamos a visitação. Era preciso andar muito, e a Novalgina que eu estava tomando de 6/6 horas já havia vencido. Mas como os meus olhos não estão nas circunstâncias, percebi que a dor havia sumido, e desde então não precisei mais do medicamento para dor. Feliz, posso hoje contar para vocês mais esse testemunho, sempre lembrando que tudo é possível a quem crê, como está escrito na Bíblia Sagrada.

Obedecer é muito melhor do que sacrificar

Deus está muito mais interessado em que você atenda ao que Ele ordena do que nas ofertas e sacrifícios (1 Samuel 15:22).

Queridos, minhas viagens e superação, e tudo o que eu tenho vivido não param por aí. Para minha surpresa e alegria, minha amiga Maristela Rocha, que conheci em Paris e é escritora também de 4 livros, me convidou para participar de uma coletânea com os 30 melhores escritores dos Estados Unidos. Ela me passou o contato da dona da editora estrangeira, que me pediu para enviar alguns dados básicos sobre o meu livro, *Milagres a conta-gotas*. Enviei o prefácio e o meu perfil, que graças a Deus foi aprovado. E antes de eu viajar para Turquia/Grécia, faltando uma semana, a dona dessa editora me comunicou que haveria uma homenagem em Nova Iorque com o livro *Antologia Words from Overseas*, para 30 escritores (entre os quais estou inclusa), no dia 21 de junho de 2024.

"Eu cri, por isso recebi."

Como está no nosso manual do fabricante:

E Jesus lhes disse:

"Se tu podes crer; tudo é possível ao que crê" (Marcos 9:23).

E temos, portanto, o espírito de fé, como está escrito: "Eu cri por isso falei; nós cremos também, por isso também falamos" (2 Coríntios 4).

"Busquem o Reino de Deus e a sua justiça e todas essas coisas serão acrescentadas a vocês" (Mateus 6:33).

Deixo aqui mais um testemunho de que, quando cremos em DEUS, não precisamos correr atrás das bênçãos, elas virão até nós.

E ainda na semana em que eu estava impactada pelas bênçãos recebidas nessa minha última viagem à Turquia e à Grécia, conversei com a editora Literare Books International, que teve todo o cuidado com a edição do meu primeiro livro, fazendo a diagramação, revisão e tudo com perfeição em detalhes. Agradeço, mais uma vez, à editora Literare Books International por me convidar e me incentivar a escrever este capítulo, dando um *spoiler* do meu segundo livro. É com muita honra que estou participando da Bienal Internacional do Livro, e fica aqui minha gratidão por mais essa oportunidade. Com isso, decidi dedicar um tempo a escrever e transmitir às outras pessoas a mensagem de que não desistam de serem felizes.

O que já fez que faz com que você se aproxime do amor?

Finalizo com esta afirmação que está na Bíblia Sagrada:

> O amor é paciente, o amor é bondoso. Não inveja, não se vangloria, não se orgulha. Não maltrata, não procura os próprios interesses, não se ira, não guarda rancor (1 Coríntios 13:4).

Mensagem final

Não existe nada que DEUS não possa fazer.

Processo não é morada, é passagem. Depois de vencer o processo, só levamos a experiência, que é a maturidade.

Lembre-se: não existe oração que DEUS não possa responder. Não existe milagre que seja impossível para o Senhor.

"Portanto, para DEUS não há impossíveis, continue orando, insistindo, buscando. Porque, para quem bate, a porta se abre. Quem busca a Ele, encontra e acha. Insista todos os dias" (Pr David Leonardo). Diga: "Oi, DEUS, sou eu de novo", até que um dia tudo aquilo que você disse no secreto, publicamente DEUS vai HONRAR.

Toda ORAÇÃO pode se tornar um TESTEMUNHO. Existe sempre um futuro que vai te deixar bem.

NÃO DESISTA.

08

NOS PASSOS DOS DESBRAVADORES

Com a falta de mão de obra, logo após a abolição da escravatura, o Brasil viu-se na contingência de trazer novas pessoas para supri-la e introduzir povos diferentes, na intenção da permanência dessa população à nova terra. A região Sul do Brasil foi aquinhoada principalmente com a imigração italiana e alemã. Aqui, na nossa pequena história, falamos somente sobre a imigração italiana. Relatamos as peripécias as quais passaram esses batalhadores imigrantes italianos.

FELIX BREGALDA E
VOLNETE GEHLEN BREGALDA

Felix Bregalda

Cirurgião-dentista especialista em implantodontia.

Contato
feliximplantes@gmail.com

Volnete Gehlen Bregalda

Professora aposentada e com especialização em História do Brasil.

Contato
volnetelgb2017@gmail.com

Avizinhava-se a abolição da escravatura, e os fazendeiros começaram a sentir o pavor da falta de mão de obra. Coube à Assembleia Legislativa de São Paulo, e não à Câmara Federal, debater o assunto em função da importância da cidade no tocante à mão de obra rural. Nos debates e sugestões sobre a quem abrir os portos para a imigração em massa, a raça amarela foi recusada.

A segunda revolução industrial britânica causa uma insuportável agrura na população europeia, de modo que não foi muito difícil convencer os italianos a encarar os 36 dias de máquina a vapor e aportar nesta terra que tem palmeiras e onde canta o sabiá.

A italianada não demorou muito para entender que nem tudo o que era prometido era cumprido. Alguns voltaram para a Itália, mas a maioria se acomodou nos rincões deste Brasil. A satrapia do Rio Grande do Sul foi aquinhoada com levas dos falados gringos. Dados ao trabalho, logo foram povoando as áreas, fundando vilas e expandindo a população com sotaque de Vicenza. Começavam os filós (encontros de vizinhos à noite) cada vez mais animados, em meio à cantoria e muitos copos de vinho que, aos poucos, ia escurecendo os dentes e lábios da turma. A juventude aproveitava para uma aproximação e logo surgiam novos casais e muitos filhos.

Na localidade de Rio Turvo, estabeleceu-se uma família que, para a alegria dos rapazes, gravitavam belas e coradas moças, somente Albina já era comprometida em namoro com o jovem José, que frequentava a casa aos sábados, apenas. Numa dessas visitas, José falou para a Amábile, uma ainda adolescente, o seguinte: "te porto um saludo (trago-lhe lembranças) do meu irmão João". O frenesi estava visível, estereotipado. Numa conversa na língua de Michelangelo Buonarroti entre o mensageiro e a feliz e afortunada pretendida, decidiram que o mano João poderia dar as caras no próximo sábado, se é que em seu íntimo habitassem boas intenções.

Comprovados os propósitos, corroborados com emocionantes juras de amor, João, do alto de seus 1,82m, pôde ver o brilho nos olhos de Amábile.

Bem, não passou muito tempo até ver José, de terno e gravata, subindo os degraus sagrados do altar, levando Albina para decretar seus últimos momentos de solteirice.

Passados uns tempos, era a vez de seguir o mesmo caminho do mano José, o João e a Amábile.

É lógico que esses eventos eram eivados por alegres e longas festas, as quais o Padre Felipe acompanhava do início ao fim, não se sentindo acabrunhado pela sua parceria vinófila, muito menos por aproximar-se das damas solteiras, avisando que a dança começava quando o acordeon emitia a "tarantela". Esses momentos eram ouro para os solteiros que pretendiam abandonar a condição celibatária.

Essas festas eram muito divertidas. Às vezes até saía a dança da vassoura: a disputa para ver quem dançava a valsa com os noivos. Essa parte era muito concorrida.

E os casamentos aconteciam de forma intensa e diferente das relações maritais de hoje, que é só ficar até que surja um desentendimento.

Lá, naquela época, era impensável que os pais liberassem uma filha para o casamento sem ser de papel passado, com as poderosas bênçãos do padre Felipe. Além disso, era imprescindível a aproximação demorada e aquiescência das famílias dos nubentes.

Consumado o casório, era só aguardar um pouco para conhecer o primogênito. O curto espaço se dava principalmente porque à época não existiam anticoncepcionais. Além disso, o Padre tinha uns pruridos expansionistas. Passados alguns meses sem que a jovem demonstrasse uma gravidez em andamento, o casal era chamado às falas para contar porque ainda não pensou na contribuição à expansão paroquial. Para completar, a Encíclica Papal condenava qualquer método anticoncepcional, até a abstinência, quando ela tinha o propósito da não proliferação humana. Não fazer sexo no momento em que se sabia da possibilidade de gerar filhos era pecado e a maldição poderia cair sobre seus ombros.

Com esse comportamento, era normal uma explosão demográfica tão alta, digna de fazer inveja a qualquer muçulmano. Era muito difícil encontrar famílias com menos de 10 filhos. O casal João e Amábile contribuiu com a geração de 13 criaturas.

Com a saturação populacional, era hora de buscar outras plagas, posto que as terras estavam ficando escassas.

Foi num dia de chuva, rodeando um fogão à lenha, que a conversa do casal fluiu com a intenção de amadurecimento do propósito da migração.

No próximo momento em que o assunto era trazido à baila, deixava de ser eivado de um pré-saudosismo e, sim, trazia certo desapego, até quase um sonho para conhecer novos rincões.

O casal decidiu: João viajou, voltando uns 15 dias depois, proprietário de uma gleba de mata virgem, no inóspito oeste de Santa Catarina.

Sem conhecer a futura acomodação, o clima era de entusiasmo.

Mas ao iniciar o translado da mudança é que surgiram os mais cruciais dilemas: a distância, as estradas quase inexistentes, muitos trajetos foram feitos a bordo de uma carroça.

Passado essa penúria, eis que chegam à propriedade do Sr. Camilo, onde foi passado uma temporada no porão dele, até abrir uma clareira na mata e construir uma habitação precária.

A comitiva era composta de um casal, 8 filhos e um burro, que mais tarde se transformou numa espécie de táxi. Ir ao moinho, pegar o burro, ir à venda na vila, pegar o burro e assim por diante.

O período passado no Sr. Camilo não foi ruim. Houve um bom entrosamento entre os filhos. Camilo era um senhor raquítico fumante, e tossia sem parar. A esposa Dona Adelaide, uma adiposa senhora, tão amável que seria difícil esquecê-la.

Como falamos, houve bom entrosamento em função do caráter ilibado de ambas as partes.

Enquanto isso, os migrantes trabalhavam, freneticamente, para derrubar o mato onde se pudesse plantar e construir uma modesta casa.

É preciso lembrar que a área adquirida fazia parte de um loteamento, ou seja, mais glebas foram vendidas, mas faltava um encorajamento para que outros proprietários viessem e iniciassem o necessário desmatamento e posse definitiva da terra.

Mas não tardou muito, e as famílias foram aparecendo numerosas e barulhentas. Os filhos maiores demonstravam curiosidade. Os menores, crianças ainda, reclamavam muito dos mosquitos que sorrateiramente se aproximavam deles, furando-lhes a pele e deixando um prurido insuportável.

De modo que, com a chegada de mais migrantes, transformou-se aquela mata impenetrável numa espécie de Kibutz, onde todos ajudavam a todos, numa parceria conhecida como "trocar dias". Na hora de construir uma casa, todos que podiam estavam presentes. No momento de erigir a igrejinha, não faltava ninguém. Com isso, o entrosamento tornou-se mais rápido e a afinidade mais consolidada. A alegria no convívio dos moradores tornou-se contagiante à medida que o tempo passava.

O vigário vinha de vez em quando rezar missa, mesmo sendo em latim, ninguém entendia nada. O padre vinha a cavalo ou num Jeep velho. Na aproximação do pároco, a gurizada, que era flagrada à beira da estrada, punha-se de mãos postas e em posição de genuflexão em sinal de respeito. O padre acenava, o que para a meninada já era uma bênção.

No dia da visita do sacerdote, após a interminável pregação latina, a população se dirigia para um pequeno pavilhão, onde acontecia uma quermesse até o fim do dia. Esse dia era só alegria, pois significava a oportunidade de passar um dia no ócio, em que os jovens jogavam bola e os velhos praticavam uma modalidade chamada mora, que era jogada em quatro pessoas em uma mesa, e os pontos eram contados, não sei como, com os dedos em meio à vozeria de altos decibéis.

Chegada a tardinha, tudo cessava, era hora de voltar para casa e cuidar dos animais

Na segunda-feira, tudo recomeçava na luta dura de manusear equipamentos agrícolas, como: machados, foices, serras etc. Mas era preciso enfrentar os desafios que se apresentavam aos desbravadores: aos jovens, cabia a tarefa de ceifar arbustos mais franzinos, os adultos iam à mata com a tarefa de derrubar árvores de enorme diâmetro. Essa derrubada era feita com a participação de duas pessoas, utilizando uma serra, e cada um se posicionava numa de suas extremidades. Feita a introdução dos dentes da serra na árvore, o serrador número 1 tracionava a serra e o serrador número dois frouxava a extremidade dela e assim por diante. Assim, nesse vai e vem, a serra ia entrando na árvore até fazê-la tombar. Ao tombar, a árvore produzia um barulho forte e, muitas vezes, arrastando com ela outros exemplares menores.

A mata, para quem não conhece, abriga uma profusão de espécies de pássaros e animais. Ao circular pelas trilhas era comum levar um susto ao se deparar, por exemplo, com uma enorme anta, mas, por sorte, os animais se metiam em disparada. Além disso, o morador que cresce em um ambiente inóspito vai aos poucos desenvolvendo certo grau de intrepidez. De modo que, aos domingos de manhã, a gurizada se reunia em algum ponto, munidos de bodoque e acompanhados por uma alcateia de fiéis vira-latas, e embrenhavam-se na mata. Era comum ver pássaros alçando voo, macacos pulando de árvore para árvore, irritados com a presença da gurizada. Aliás, a presença simiesca não era bem-vista, pois tinham o hábito de roubar milho e outros produtos rurais e carregá-los até o topo das árvores, de onde podiam comer sem serem importunados.

Mas a natureza também causava medo. Contava-se muito sobre fantasmas, como, por exemplo: a história de que existia um fantasma entre um caminho em que as pessoas tinham que passar por entre uma mata fechada. Por isso, todos que por ali passavam, à noite, descarregavam seus revólveres tentando acertar a criatura. Inclusive um tal de Astolfo, que ia namorar a Angélica e, perdeu sua namorada porque o pai dela se irritava com isso. Passou-se um tempo e um atirador acertou o tal fantasma. Tratava-se de um tamanduá-bandeira, um animal silvestre, cuja cauda contém pelos muito longos que, ao posicionar o rabo sobre o dorso, transforma-se num volumoso objeto, e os tiros eram dados no centro do volume, simplesmente nos pelos da cauda.

E assim, em meio a histórias reais e fantasmagóricas, a vida ia fluindo, a população crescendo e a vila criou uma escola. Nessa escola, a professora tinha certas dificuldades, posto que tinha que ministrar aulas para os alunos de diversas idades. A disciplina era mantida à custa de vara, por exemplo, desacostumar os guris a andar com bodoque na escola. Quando ocorria uma revista, como que num gesto de prestidigitação, os portadores dos ditos estilingues faziam-nos voar pela janela.

Maroteza à parte, religião era coisa séria. Todo domingo, à tarde, a igrejinha era lotada de fiéis que iam rezar o terço. Já na porta da Santa Igreja, genuflexos persignavam-se e procuravam um lugar para orar. As cantorias não eram um primor. Interrompiam-se as orações para cantar uma canção religiosa em latim, destoada graças ao ecletismo dos participantes.

A gurizada se mostrava ansiosa quando a pregação demorava mais do que de costume.

Finalizada a reza, os menores sumiam, meninos e meninas. Os pais, ou melhor, as mães, começaram a questionar: Para onde se metiam esses fedelhos? Com a crescente desconfiança, destacaram alguém para averiguar o destino que, todos os domingos, tomavam. Não foi difícil, na estrada que dava para uma vila, descobriram uma trilha que ia a um morro coberto de mata virgem. Lá existia uma árvore frondosa que, cujo cipó, pendia dos galhos até o solo. Aproveitando a aclividade, cortou-se o cipó rente ao solo, e eis um balanço que, com leve empurrão, levava os corajosos a voarem por cima das outras árvores vizinhas. É claro que a inesperada visita das mães custou a alegria da turma, com a destruição do cipó.

Era uma infância muito feliz. Produzia-se quase tudo no local onde se morava: o parreiral, que produzia as uvas que se transformavam, a maior parte, em vinho, pois italiano não vive sem ele; o porco, que se transformava em salame; a galinha que produzia os ovos que eram muitas vezes transformados em bolachas; a mandioca, o milho, que virava farinha para a polenta, o trigo, o boizinho e por aí vai. Havia também o rio, que ensinava a nadar, porque os habitantes geralmente tinham que ficar perto de um rio para poder ter a água para os animais. Os adultos também se reuniam em muitos filós à noite, à luz de candieiros, para contarem suas histórias que ocorriam durante o dia. Não dá para dizer que não sofreram ao desbravar os sertões brasileiros. Claro que sim. Trabalhava-se muito para poder comprar para o filho homem um pedaço de terra para que ele pudesse continuar sua vida após se casar. A filha mulher recebia um dote, que era uma vaca de leite, galinhas, porcos e um pequeno enxoval.

E a vida continuava...

09

NÃO ESQUEÇA A MINHA CALOI

O poder de uma história está em quando ela não é engavetada, mas sim compartilhada com outras pessoas, conectando gerações. Ao ler a história: "Não esqueça a minha Caloi", muitos da geração dos anos 1970 a início dos anos 1990 relembrarão um momento de pura nostalgia. Você já teve algo pelo qual se empenhou ao máximo para conseguir? Nesta história, uma lição preciosa nos é ensinada.

GABRIELA VIEIRA DE SÁ BIASON

Gabriela Vieira de Sá Biason

Nascida em 20 de fevereiro de 1982, em São Paulo, capital. Aos quatro anos de idade, junto à sua família, mudou-se para o interior, na cidade de Assis. É pedagoga graduada pela UNIP - Universidade Paulista, campus de Assis - SP (2006), pós-graduada em Gestão e Organização da Escola pela UNOPAR - Universidade Norte do Paraná, campus Londrina - PR (2012), em Educação Infantil pela FCE - Faculdade Campos Elíseos, campus Presidente Prudente - SP (2017) e Docência do Ensino Superior pela FCE - Faculdade Campos Elíseos, campus Presidente Prudente - SP (2018). É atuante na área educacional desde o início de 2007. Tem experiência na educação pública e privada, na educação infantil e no ensino fundamental. Professora efetiva na rede municipal de Assis/SP e atendimento particular em clínica: acompanhamento pedagógico (aula particular, reforço escolar e jogos para a estimulação cognitiva). Autora do livro *Ativando memórias transformadoras,* pela Editora Literare Books International. Apaixonada pelos processos de aprendizagem da vida.

Contatos
gabrielabiason@hotmail.com
Instagram: @gabrielavieiradesa
Facebook: Gabriela Biason
18 98147 4663

Era por volta do final dos anos 80 ou talvez início dos anos 90. Havia um único desejo em meu coração para o dia das crianças no mês de outubro. E por coincidência esplêndida, uma das campanhas mais marcantes dessa geração estava acontecendo diariamente na TV aberta: "Não esqueça a minha Caloi",[1] um dos *slogans* mais famosos da propaganda brasileira.

Como o meu maior sonho de criança naquela época era ter uma bicicleta, por meio daquele comercial em nossa televisão Telefunken, eu vi uma forma de conquistar aquele sonho.

Ao mesmo tempo, tudo parecia um vento contrário, morávamos em uma casa simples de madeira, a situação financeira era complicadíssima, éramos três irmãos. Eu, a única menina, a filha do meio. Lembro-me de observar as crianças da minha rua.

A Rua Piratininga, do Bairro Santa Cecília na cidade de Assis, interior de São Paulo, contava com uma galerinha para lá de boa, que só sabia aprontar, tocando todas as campainhas da rua, mas que curtia muito brincar na pracinha da igreja. Eu sempre observava que todos tinham bicicleta; meus irmãos e eu, ainda não.

Para matar a vontade de andar de bicicleta, tínhamos sempre de pedir emprestado para algum amiguinho; não dava para andar muito... Era raro. Eu sabia que meu pai não tinha condições financeiras para nos dar uma bicicleta de presente, pois nossos presentes no Dia das Crianças ou Natal eram sempre muito simples.

Enquanto eu ansiava por uma bicicleta, era como se 24 horas do dia os meus olhos enxergassem apenas o comercial "Não esqueça a minha Caloi". E como era o comercial? Eram crianças que escreviam vários bilhetinhos para

1 Caloi. Empresa fabricante de diversas marcas de bicicletas fundada em 1898, com sede inaugurada em São Paulo em 1949.

os pais e familiares, e os colavam em vários lugares da casa com essa frase: "Não esqueça a minha Caloi".

Mas algo aconteceu. Certo dia, os meus olhos brilharam, a mais linda Caloi Ceci passava na televisão. Caloi Ceci, cor-de-rosa, com garupa, cestinha branca e com pezinho para ficar em pé. Ainda tinha lindos adesivos de florezinhas. Pronto! Estava decidido, essa era a bicicleta Caloi que eu queria. Então, fui pedir para o meu pai. Mas meu pai já havia explicado, ele não tinha por onde...

Comecei com a minha campanha para o Dia das Crianças. Escrevi muitos, muitos bilhetinhos e, em todos que eu deixava pela casa, só havia uma frase: "Não esqueça a minha Caloi".

As semanas foram passando... Meus pais não faziam nenhum comentário, eu prossegui com os meus bilhetinhos, mas ninguém em casa me dava sinal de nada.

No fundo do nosso imenso quintal de terra, havia uma edícula antiga, lá meu pai guardava algumas ferramentas velhas. Certo dia, aquela porta da edícula não abriu mais nem as suas janelas... Meu pai e minha mãe nos falaram para não abrir a porta, eles a trancaram por causa das ferramentas e objetos velhos que ali guardavam.

Ainda mais alguns dias se passaram... O Dia das Crianças se aproximava. O que será que eu iria ganhar, seria um presentinho, uma bonequinha? Bilhetinhos escritos "Não esqueça a minha Caloi" já tinham se esgotado, pois eu havia investido toda a minha energia de criança.

Faltavam poucos dias para o Dia das Crianças. Em uma noite, meus pais nos chamaram lá no fundo do quintal, na edícula, e estava tudo escuro, até achei que levaríamos uma bronca... Era um dia comum no meio da semana.

Então, meu pai falou para meu irmão mais velho e eu aguardarmos ali na varanda da edícula. Ele abriu a porta, acendeu a luz, e disse que não aguentou esperar até o Dia das Crianças para nos entregar algo que há dias ele havia comprado com a minha mãe. Quando ele nos chamou para ver...

Era a tão sonhada Caloi Ceci!!! Cor-de-rosa, com garupa, cestinha branca e com pezinho para ficar em pé. E a bicicleta do meu irmão era, se não me engano, uma Caloi Cross azul. Eu fiquei muito emocionada, comecei a chorar alto, a gritar demais e a tremer. Meus pais se emocionaram e falaram para eu me acalmar, mas eu chorei tanto, mais tanto, e lembro-me de ter prometido que, quando eu crescesse, eu iria dar um piano de presente para o meu pai. Coisa de criança...

Mas a noite não tinha acabado ali, meus pais nos deixaram dar algumas voltas na pracinha da igreja católica da Santa Cecília. Já era um pouco tarde, mas era uma conquista a ser celebrada. Como a minha alma de criança parecia flutuar naquela bicicleta Caloi Ceci, cor-de-rosa, com garupa, cestinha branca e com pezinho para ficar em pé... Dali a pouco, algumas crianças do bairro nos viram de longe andando em nossas novas bicicletas.

Meu pai ainda compraria a Caloi Cross do meu irmão caçula, ele era pequenino, três anos mais novo do que eu. Mas eu havia me comprometido a carregá-lo em minha garupa.

Foi uma noite memorável, sem palavras! Lembro-me de estar depois de toda aquela emoção deitada em minha cama, parecia um sonho, eu não conseguia dormir. Meu sonho havia se realizado! E meu pai, o Sr. Dorival Biason, diante de todas as suas dificuldades financeiras, se empenhou em atender o sonho de seus filhos.

Essa foi a história da minha tão sonhada bicicleta Caloi Ceci, cor-de-rosa, com garupa, cestinha branca e com pezinho para ficar em pé. E a reflexão que me veio à mente ao escrever este capítulo como coautora do livro *O poder de uma história* é do que a Palavra de Deus diz em Mateus 7:11: "Se vocês, apesar de serem maus, sabem dar boas coisas aos seus filhos, quanto mais o Pai de vocês, que está nos céus, dará coisas boas aos que lhe pedirem!". Deus é o nosso Pai, nosso ABA Pai, Paizinho Amado, e Ele tem prazer em atender aos desejos do nosso coração. E muitas vezes, diante de todas as dificuldades que enfrentamos desde a nossa infância, criamos barreiras internas, crenças limitantes de que Deus é um ser tão distante, ocupado demais para se importar com nossos sonhos, porque nossos olhos não O contemplam como nosso Paizinho. A mensagem que deixo a você é: peça. Peça e declare com fé. Se você não conheceu o seu pai biológico, ou talvez tenha sofrido um abandono ou um trauma, ou quem sabe até mesmo não tenha mais o seu pai vivo. Você é uma pessoa muito amada por um Pai Celestial que se importa com cada área de sua vida. Ele não está distante ou inacessível, Ele, o ABA PAI, contempla você em cada desafio da vida.

Há uma linda canção da cantora Valesca Mayssa[2] que diz:

Eu Sou Teu Pai, é só chamar
Eu Sou Teu Pai, é só chamar
Eu Sou Teu Pai, é só chamar
Eu Sou Teu Pai, é só chamar

2 Valesca Mayssa Barbosa da Silva, nome artístico Valesca Mayssa. Autora da música: *Eu Sou Teu Pai*. Lançamento em junho de 2023, pela Gravadora/Produtora Todah Music.

E se precisar, é só chamar
Não preciso de formalidade
Eu quero intimidade
Eu Sou Teu Pai, é só chamar
Não é sobre religiosidade
Eu quero intimidade
Eu Sou Teu Pai!

Deus sabe tudo o que precisamos e o que sonhamos, mas Ele tem prazer em nos ouvir chamar por Ele. O que posso dizer? O tempo passou... A Caloi Ceci cor-de-rosa, com garupa, cestinha branca e com pezinho para ficar em pé se foi, aquela menininha cresceu e, hoje, com os meus 42 anos, estou vivendo a melhor fase da minha vida até então. Olhando para trás, contemplo a minha história de vida com respeito. A minha criança interior tem sido resgatada. Há tesouros escondidos dentro da história de vida de cada pessoa. O que para muitos pode ser algo simples, para outros é a resposta de uma alma. Compreendo que eu estava sendo curada emocionalmente e sendo amadurecida para viver o que vivo hoje e o que almejo no futuro.

Hoje entendo que não estava atrasada na vida, pois por anos me comparei com outros, e a comparação distorce a nossa verdadeira identidade de filhos amados de Deus.

Houve um tempo na minha vida em que tudo parecia estar estagnado em todas as áreas, a depressão chegou, o desequilíbrio emocional, medicações fortíssimas... Sem vontade de viver, só me arrastava dia após dia, porque era como se Deus não me enxergasse. Mas Ele sempre esteve ali com a Sua boa mão misericordiosa. Foi uma fase muito difícil, adoeci, mas era porque eu havia me esquecido que eu tinha um ABA PAI.

Quanto mais você acolher as suas emoções e ativar a sua verdadeira identidade de filho de Deus, mais compreenderá que nada lhe é impossível. Como aquela menininha que insistiu tanto para ter a sua primeira bicicleta Caloi Ceci cor-de-rosa, com garupa, cestinha branca e com pezinho para ficar em pé. Ande mais uma milha. Não pare. Insista mais em seu sonho. Trace metas. Desenvolva um plano de ação.

Como o renomado autor Augusto Cury diz em seu livro *Nunca desista de seus sonhos*, na página 137: "Aprendi que os sonhos transformam a vida numa grande aventura. Eles não determinam o lugar aonde você vai chegar, mas produzem a força necessária para arrancá-lo do lugar em que você está".

A minha estratégia na infância foi aderir à campanha vista na televisão e espalhar os bilhetinhos pela minha casa, com a frase: "Não esqueça a minha Caloi". E você, já pensou em qual será a sua estratégia?

Já tenha um coração grato durante o processo de espera. E quando acontecer a sua vitória: CELEBRE! Você merece o que há de melhor na vida.

Referências

BÍBLIA. Português. *Bíblia sagrada*. Nova Almeida atualizada. Rio de Janeiro: Encyclopaedia Britannica, 1980. Edição Ecumênica.

CURY, A. *Nunca desista de seus sonhos*. Rio de Janeiro: Sextante, 2004.

10

A VIDA É UM QUEBRA-CABEÇA

Meu DNA é um quebra-cabeça de culturas e experiências, e não é fácil conciliar. Foi a cultura italiana a mais intensa na minha infância. Filha e neta de uma família de origem italiana, foi essa origem que me proporcionou transitar e aprender desde tricô, crochê, costura até culinária. A música e o canto também fizeram parte da minha formação. O esporte, na TV e no rádio, fazia parte da trilha sonora dos domingos na casa de minha vó. Sempre gostei de gente. Aquela gritaria dos gringos me fazia bem. Eu gostava de estar no meio dos adultos, incomodando ao pé do fogão. Esta combinação entre arte e esporte moldou minha personalidade de maneira profunda. Enquanto o esporte me ensinava a ter disciplina e a trabalhar em equipe, as artes plásticas e a música me ajudavam na introspecção, serviam como uma terapia para os meus altos e baixos.

GRAZI GADIA

Grazi Gadia

Gaúcha, é formada em Publicidade e Propaganda pela PUC-RS, artista plástica e professora de artes para autistas. Há 17 anos, ela se mudou para os EUA e fundou a NON-PROFIT Eyecontact - Lives Shaped by Autism. Por meio do Eyecontact ela se tornou uma ativista da causa azul. Seu projeto Eyecontact tem a missão de valorizar o protagonismo de mães e pais de autistas no incremento da qualidade de vida da comunidade autista com uma moldura de arte. Ela foi pioneira ao lançar o primeiro festival de artes exclusivo para autistas. Com seu marido, Dr. Carlos Gadia, ela ajuda a organizar congressos sobre autismo como o TEARTEIRO I e II e o AUTISM GLOBAL DAY/USA, em Fort Lauderdale/USA. Organizou o TCHEADORO - o 1° Congresso Internacional sobre Autismo (100% on-line), no qual teve a presença ilustre da Dra. Temple Grandin como palestrante. Grazi obteve a certificação de RBT (AT) e criou uma empresa - ARTS & HEARTS, na qual leciona aulas de artes para crianças e adultos com TEA de forma remota. Promove a Sagrado Eyecontact ArtWeekend em Miami. Grazi é curadora do projeto *Autism Without Mask*, no qual as mães têm seus rostos pintados pelos filhos autistas, e que se tornou um livro, que tem como embaixadora Suzana Mion. Grazi é curadora da primeira galeria exclusiva para autistas em São Paulo em parceria com Rapha Preto.

Contatos
grazigadia@gmail.com
Instagram: @eyecontact_by_gadias
@art_shearts

Uma guria arteira, uma guria impossível?

Esta guria é impossível. A Graziella é muito arteira.

Eram os gritos de minha mãe e eu sabia que lá vinha bronca. Estes comentários assolaram minha infância. Era como se estivesse fazendo sempre algo errado. E, hoje, ainda permanecem vivos em minha memória.

Modos, Graziella, dizia minha mãe quando me via de pernas para o ar no meio da sala.

Tu já estás inventando moda, né Graziella?!

Sim, eu adorava inventar modas. Sempre fui uma guria curiosa e imaginativa, transformava qualquer superfície em uma tela – as paredes, o chão, as capas dos cadernos. Na minha imaginação, cortinas eram cipós de Tarzan e os aventais escolares eram capas de super-heróis.

Vai botar um sapato, gritava meu pai.

Preferia andar de pés descalços e sentir o pé na terra.

Sou uma filha sanduíche, entre um irmão mais velho e duas irmãs mais novas.

Talvez seja por isso que, em uma boa parte da minha infância e adolescência, parecia que não havia espaço suficiente dentro de mim para tanta fantasia e espaço físico para extravasar tanta energia.

Sentia que eu era meio que um peixe fora d'água. Uma peça que não se encaixava no quebra-cabeça. Eu tinha uma inquietação que não conseguia controlar. Eu sempre queria algo mais.

Uma guria sonhadora

Vai dormir, chega, Graziella.

Fui dormir, mas continuei sonhando. Os estudos nunca foram meu forte. Naturalmente, só gostava das matérias de humanas. Isso me angustiava: como eu seria bem-sucedida sem saber matemática? A resposta veio de forma bem orgânica: entrei para a equipe de vôlei da escola aos 11 anos.

Isso não é coisa para guri.

Resisti. Parecia que algo se encaixava naquele momento. O trabalho em equipe para não deixar a bola cair na quadra fez sentido para mim. Como jogadora de vôlei, aprendi a valorizar a colaboração e a aceitar as diferenças. O esporte, em especial, foi crucial para minha autoestima, fornecendo um senso de pertencimento e confiança em mim mesma.

União, luta e vitória.

Era o grito de guerra do meu time de vôlei da escola, em que ganhei a honrosa tarefa de ser a capitã da equipe aos 14 anos. Bah! Encontrei mais uma peça do quebra-cabeça. Um escape para a minha energia e para o meu caleidoscópio de emoções.

Cada partida era uma coreografia de determinação e paixão. Mas ainda iam levar alguns anos para eu deixar a artista que vivia dentro de mim desabrochar. O vôlei me deu movimento e intensidade, o que preparou meu coração para os sonhos que viriam depois.

"Sonhar é acordar-se para dentro."
Mario Quintana

Tu não precisas trabalhar, tu tens que casar, Graziella, dizia meu pai.

Como assim, "você não precisa trabalhar?!". Tentei ignorar esses comentários, mas, na verdade, eles me impulsionaram na direção oposta. Cada vez que os ouvia, sentia-me motivada a fazer exatamente o contrário.

Enfim, passei na faculdade de Comunicação Social, na PUC/RS – Publicidade e Propaganda. Logo após iniciar meus estudos, comecei um estágio em uma agência de propaganda, garantindo uma posição profissional após a formatura.

Eu tinha um senso de urgência. Não podia perder oportunidades. Eu queria ser diferente, eu queria ser eu. O ambiente da propaganda me motivava, me impulsionava a criar, a me expressar e a me relacionar com pessoas das mais diversas áreas. Cada campanha era uma tela em branco, pronta para ser preenchida. Eu mergulhava na criatividade como um pintor apaixonado, buscando sempre formas inovadoras de transmitir mensagens e tocar corações.

A independência financeira que o trabalho me proporcionou foi libertadora, permitindo-me respeitar em parte os meus desejos, e não as expectativas de outros. Comecei a preencher meu portfólio na música, nas artes plásticas e no cinema. Por sinal, foi numa tarde de domingo, na matinê, que tive o maior *insight* da minha vida.

Você tem que ser aquilo que você espera de você mesma.

Pedro Almodóvar

Calou fundo essa fala de um personagem de um filme de Pedro Almodóvar. Compreendi que minha alma era de artista e que queria seguir uma carreira artística.

Grazi, quando tu vais casar?

Pausa para o ritual de passagem

Eu sempre quis ter uma família.

Casei, trabalhava, e estava muito bem profissionalmente.

Foi quando tive minhas duas filhas, aos 24 anos. Escolhi largar o trabalho para me dedicar a ser mãe. O que era para ser meses, virou uma pausa sabática de sete anos maravilhosos, pincelados de desafios, aprendizados e alegrias. O que não me arrependo até hoje, foi um belo lastro na relação com as minhas filhas: a Bárbara, hoje jornalista renomada aqui nos Estados Unidos, e a Marcela, uma bailarina talentosíssima.

Porém, ser exclusivamente mãe nunca esteve nos meus planos. Comecei a sentir um vazio. A confiança que veio com a independência financeira já não existia mais. Aquela frase do Almodóvar era como um fantasma gravitando em torno de mim.

Foi quando a arte realmente entrou na minha rotina diária. Fiz a matrícula em um curso de pintura.

Na arte, tudo pode. Não existe certo ou errado, disse minha professora.

Foi então que a arte caiu como uma luva na minha vida doméstica e maternal. Consegui conciliar a criação das gurias com algo que permitia expressar meus sentimentos ambivalentes. A cada tela que pintava, era como se a Grazi renascesse – mesmo que apenas nas telas.

Tu tens estilo, Grazi, arte é o que está no teu coração, disse minha professora.

A arte me fazia sentir livre, leve e solta. Ela me salvou, ajudando a juntar alguns dos cacos da minha identidade. Comecei a sonhar em ter meu próprio ateliê, cheio de cores, realizar exposições, dar aulas e ajudar as pessoas pela arte.

Mas esse sonho ainda demoraria mais de 20 anos para se concretizar.

Sem medo de ser feliz

Fiquei 14 anos casada, em uma relação de altos e baixos, que acabou em um divórcio. Seis anos depois, encontrei o amor da minha vida, o Carlos – Dr. Gadia – com quem me casei aos 45 anos. Carlos é neuropediatra e especialista em autismo. Tudo aconteceu muito rápido. Ele morava nos Estados Unidos, então mudei de endereço, cidade, país, cultura e idioma, saindo do sul do Brasil para o sul da Flórida.

Não olhei para trás, apenas para frente, com saudade apenas da família. Fui me encaixando na América assim como ela se encaixava dentro de mim. No início, minha prioridade foi acomodar a nova família misturada que acabava de ganhar. Assumi, com Carlos, quatro filhos adolescentes com seus hormônios fervilhando – um casal do meu marido e minhas duas gurias.

Novamente, me via em um papel reduzido: ser mãe e esposa. Tudo bem, por um tempo, mas aquela inquietação voltou com a sensação de vazio. Literalmente, me sentia um peixe fora d'água.

Porém, tive o privilégio de meu marido ter aberto uma porta não só para um novo país, mas para um novo universo: a comunidade do autismo. Sou uma pessoa diferente depois de conhecer a comunidade do TEA.

Comecei a conviver com as famílias brasileiras que vinham aos Estados Unidos para buscar tratamento com o Carlos. Imediatamente, as mães das crianças com Transtorno do Espectro do Autismo (TEA) me sensibilizaram. Eu as via angustiadas, sozinhas, sofrendo, inseguras, como se tivessem perdido o chão após o diagnóstico.

- **Dado de realidade**: elas abandonam carreiras, suas terras natais e se afastam dos maridos em busca do melhor tratamento para seus filhos autistas.
- **Dado estatístico**: 70% dos pais abandonam as mães de crianças com autismo.

As mães são a principal voz do autismo no mundo

São elas que gritam pelos direitos, pela inclusão e por um tratamento adequado para seus filhos. No entanto, esse protagonismo passava despercebido. Senti a necessidade de oferecer a essas mães um olhar mais acolhedor, uma rede de apoio. Eu precisava agir.

Abri uma página no Facebook e no Instagram; e assim, começava o projeto social **Eyecontact – Lives Shaped by Autism.** Traduzindo: olho no olho com as vidas moldadas pelo autismo.

Iniciei uma jornada de acolhimento para essas mães, de forma simples e com um toque de arte. Para as que moravam na Flórida, oferecia dicas e muito carinho, recebendo algumas em casa para almoços e jantares. Para aquelas no Brasil, me comunicava pelas redes sociais, respondendo a dúvidas por meio do conhecimento do Dr. Gadia.

A arte com propósito

Naquela época, eu já fazia exposições e pintava murais voluntariamente em clínicas e consultórios na Flórida. A arte se entrelaçava em tudo o que eu fazia. As mães de autistas se tornaram minha causa. Foi quando a arte voltou a ter um papel central em minha vida, mas, agora, com um propósito.

Meu ateliê já era colorido, mas ganhou novas nuances com a missão de cuidar de quem cuida. Queria ajudá-las a serem reconhecidas por seu protagonismo nas melhorias das políticas públicas no Brasil. Fiz minha primeira exposição solo em Miami e o tema foi: *When the light of my eyes meets yours* – uma homenagem a todas as mães do autismo.

A felicidade de uma mãe é ver seu filho feliz

Eu sabia que uma mãe só é feliz se seus filhos são felizes. Assim, lancei o primeiro festival de artes exclusivo para autistas. Foi quando a arte se tornou uma oportunidade de inclusão na comunidade do TEA, pois ela promove um senso de pertencimento para os artistas autistas e suas famílias. Hoje, os festivais do Eyecontact se tornaram uma tradição e fazem parte do calendário dos eventos da comunidade do Autismo no Brasil e nos Estados Unidos.

Nada é coincidência na vida

Meu quebra-cabeça estava praticamente completo e, por coincidência do destino, o símbolo do autismo é uma peça de quebra-cabeça, refletindo a complexidade desse transtorno do neurodesenvolvimento. A arte me salvou e acreditei que ela poderia salvar muitos artistas talentosos com TEA que estavam invisíveis.

Autismo sem máscaras

Com o apoio de Suzana Gullo Mion e a colaboração do fotógrafo Márcio Amaral, criamos o projeto *Autism Without Mask* / Autismo sem Máscaras, logo após a pandemia.

O "AWM" oferece oficinas nas quais mães de autistas têm seus rostos pintados pelos filhos, como telas vivas. O objetivo é promover o contato visual e a conexão entre eles pela arte. O projeto transcendeu, viajando pelo Brasil, trazendo felicidade e alegria a muitas mães e terapeutas. Com o suporte da Literare Books International, lançamos um livro com os retratos das mães com as faces pintadas. Um projeto totalmente gratuito.

Arts & hearts

Durante a pandemia, no turbilhão de confusões e emoções que nos cercava, encaixei mais uma peça neste quebra-cabeça. Criei um curso de artes remoto para autistas – *Arts & Hearts*: Desenvolvendo habilidades pela arte. Atualmente, ensino mais de 10 alunos e ofereço uma aula coletiva gratuita por mês para entusiastas com TEA das artes plásticas.

Para coroar esta jornada de luta comigo mesma de ser uma artista e para que as artes plásticas ganhem o espaço que merecem no tratamento do autismo, sou a coidealizadora, em parceria com Flávia Najar Gusmão, do TEARTEIRO – AUTISMO e ARTE, o único congresso no mundo que une autismo e arte com a missão de promover inclusão para autistas artistas no mercado de trabalho.

Nunca é tarde para ser feliz

Finalmente, depois de 17 anos, me considero mezzo brasileira, *mezzo* americana, com uma essência italiana. Aos 62 anos, acredito ainda mais nos meus sonhos e na arte como meio de transformação. Eu não paro. E não gosto de fazer mais do mesmo.

Foi nos Estados Unidos que encaixei a principal peça do meu quebra-cabeça. Fazer arte com propósito.

Metamorfose pela arte

Acredito que vivemos várias vidas em uma única vida. Nascemos uma vez, mas renascemos diversas vezes ao longo dela. A cada capítulo desta jornada que agora desfruto, reforcei muitos valores e aprendi lições valiosas. Sou uma metamorfose constante. Estamos sempre em transformação e nos adaptando aos novos tempos.

Minha trajetória nunca foi fácil, tampouco insuperável. Uma história simples e ordinária. Continuo vibrando, falando muito, opinativa e romântica. Mas sempre em movimento, ainda bem. Hoje, estou feliz. A vida é aprendizado. Ainda não completei meu quebra-cabeça, mas sinto que cada peça se encaixa no seu devido tempo.

Sem fim.

11

QUAL PARTE DE MIM VOCÊ PROCURA?

De quantas partes da vida vive o meu coração? Por onde vou encontrando sentido para viver? Sou feita de intervalos de tempos entre a minha semente e a minha flor, que foram formando as histórias de menina, jovem e mulher dentro de mim e a minha real capacidade de continuar inteira com tudo que me falta. Fazer a travessia do sonho para a realidade nunca foi uma tarefa fácil, porém mais difícil seria atravessar uma vida inteira sem realização.

LARI PEDROSA

Lari Pedrosa

Idealizadora do projeto "Um caminho que leva à cura da mulher: mães e filhas", especialista em Constelação Familiar Original Hellinger, terapeuta, palestrante, autora do livro *Uma nova mulher - curando a conexão mãe e filha,* pela Literare Books International, além de professora. Em sua prática, utiliza a abordagem teórica e vivencial de Bert Hellinger para trabalhar a dor emocional das mulheres, tocando-as com uma nova consciência. Mestre em Educação pela Unicamp/SP, pedagoga e historiadora pela UFU, pesquisadora dos órgãos CNPq e FAPESP, avaliadora do Programa PIBID/CAPES, com mais de 20 anos de carreira docente de graduação/pós-graduação (MBA) e coordenação pedagógica em IES e educação infantil nas redes privadas e públicas. Possui Certificação Internacional Profiler e formação básica e avançada em Constelação Familiar pelo Instituto Imensa Vida, IBRACS, IDESV e pós-graduação pela Hellinger Schule no Brasil e na Alemanha. Atualmente, divide seu tempo entre seus atendimentos individuais, de grupos e sua escrita.

Contatos
larisse1212@gmail.com
Instagram: @larissepedrosa32
34 99213 1443

Uma criança no meu coração

A infância é chão sob o qual pisamos nossa vida inteira.
Lya Luft.

Foi nesse intervalo de tempo que encontrei o caminho mais protegido da vida e aprendi a olhar para o amor que adoece, sem saber que existia o amor que cura, assim como observar a dor que destrói, sem saber que existia a dor que atende nas relações que chegaram antes de mim. Nenhuma infância será desprovida de traumas, mas todo esforço deve ser feito para que as crianças sejam bem cuidadas e acompanhadas em suas ânsias, brincadeiras e "faz de conta". Nesse contexto, iniciei a primeira fase.

Estudei numa escola de elite e vivenciei muitos desafios por ser a "gata borralheira", loirinha dos olhos claros, inteligente, comunicativa, simpática, porém de família modesta e com pouca tradição na cidade. Para fazer parte, tornei-me interessante, criativa, líder, influenciadora e cheia de talentos que exaltavam a mim e a quem estivesse ao meu redor. O meu objetivo não era ser o centro das atenções, mas também não queria ficar "despercebida" entre as crianças da escola, pois adorava fazer parte de toda aquela oportunidade da vida. Sempre gostei de teatro, esporte, dança, canto, conhecimento e de ser dona de um boletim, impecavelmente azul. Foram 11 anos crescentes e que me deram muita força para priorizar os estudos, as habilidades e a meta de subir os degraus da vida por conta própria. Na minha época, não existia o conceito "bullying", mas as piadinhas e as brincadeiras de mau gosto marcaram meu coração por um lado e serviram de motivação por outro, a fim de que, verdadeiramente, eu buscasse fazer diferente. Por exemplo, o fusca da minha família foi motivo de risos e piadas na escola, e foi exatamente por isso que procurei o conhecimento que me levasse à carreira certa para poder escolher o carro dos sonhos.

Ouvia comentários entre os adultos de que eu me tornaria a moça mais linda da cidade quando completasse 15 anos de idade. Porém, exatamente nessa fase, tive disfunção alimentar e vivenciei o famoso efeito sanfona, anexado a um real sentimento de incapacidade, derrota e decepção. Para mim, o meu valor não se resumia ao contorno do meu corpo, porém sustentei muita vulnerabilidade, tristeza e um desejo enorme de fazer parte de outra humanidade, com cultura, costumes e comportamentos opostos aos que vivenciava em família e na sociedade daquela "apertada" cidade. Foram muitos altos e baixos e, por longos anos, preferi não visitar aquela juventude que assombrou minhas lembranças e guardou sentimentos desconhecidos. Somente agora, na maturidade, consegui compreender o processo doloroso da jovem dos 15 aos 20, que desaprendeu a comer em função das inúmeras dietas da época, das incansáveis tentativas de se encaixar no padrão e da força rebelde que me fez ter foco nos estudos e, ao mesmo tempo, ter ódio do modelo da juventude da época que só tinha um caminho e um único jeito de caminhar.

Aprendi que somente eu posso cuidar de mim, que eu sou livre para fazer do meu jeito e no meu tempo, e que meu corpo é, literalmente, a minha alma sagrada, meu templo e meu movimento da vida.

Uma jovem no meu coração

Enquanto a alma for jovem, tudo continuará sendo novo.
Everton Legari

Foi nesse intervalo de tempo que encontrei o caminho mais interessante da vida e comecei a viver o amor que adoece e a clamar pelo amor que cura, assim como a viver a dor que destrói e a clamar pela dor que atende em todas as minhas relações, em especial comigo mesma. Nenhuma juventude será desprovida de traumas, mas todo esforço deve ser feito para que os jovens sejam compreendidos e acompanhados em suas necessidades, descobertas e rebeldias. Nesse contexto, iniciei a segunda fase.

Iniciei a graduação em comunicação em 1995, na busca de me tornar uma profissional de referência na arte de influenciar pessoas com as minhas ideias e orientações, e fazer muita ponte aérea "Rio/São Paulo" – inspirada nos protagonistas das novelas da Globo (risos). Quando conheci a realidade das maiores agências de publicidade do Brasil, vi que meu sonho estava distante delas e, decepcionadíssima, decidi mudar de área e me conformar com a cultura da minha "apertada" cidade. Foi um tempo difícil, meio perdido e vulnerável, pois meu sonho era morar em São Paulo, estudar na USP e viver aquele mundo de cidade grande, livre e "larga" e, também, de GRANDES oportunidades, já que as cidades do interior apagavam muitos sonhos. Entrei na universidade, cursei humanidades e me preparei para a carreira docente, considerando que o campo das teorias também permitia exercer a comunicação. Fiz duas graduações ao mesmo tempo, acompanhadas de iniciação científica com bolsas de pesquisa. Fui professora substituta de aulas eventuais e, para a minha alegria, viajei boa parte do Brasil apresentando trabalhos científicos publicados em congressos, anais e revistas. Essa trajetória me levou para a aprovação de dois mestrados, escolhi a UNICAMP e fiz a maior mudança da minha vida: fui morar perto da tão sonhada cidade GRANDE. Com os olhos brilhando, o coração aberto e os passos firmes no chão, comecei a caminhada com desafios dentro e fora de mim, uma vez que realizava o maior sonho da minha vida, ao mesmo tempo que o maior amor da minha vida (minha mãe) se tratava de um câncer.

Um dia de cada vez e já não estava mais no mesmo lugar, porém sustentar o "risco de perder a mãe para a morte" era uma das provas mais complexas daquele caminho de aprendizagem. No entanto, não bastando a realidade desafiadora, o dia mais difícil daquele "sonho" chegou quando recebi a notícia de que eu não havia contemplado a bolsa de mestrado, pois, somente naquele ano, a comissão de avaliação priorizou a distância da universidade e não o mérito dos alunos. Isso significava que todo o meu *know-how* de publicações científicas e certificações, além do alto desempenho qualitativo dos últimos cinco anos de estudos, seria um fator inferior aos meus 500 km de distância da minha cidade. Naquele momento, eu me senti a filha mais pesada do mundo para os pais, dado que depender financeiramente deles numa cidade grande era diferente de morar com eles na cidade pequena, sem falar que o tratamento da minha mãe era a prioridade da família.

Eis que mais um desafio levou-me à mudança, pois recebi a proposta de modificar o tema do meu projeto de pesquisa, ser orientada por um renomado professor e pleitear a bolsa de pesquisa mais cobiçada do país. Topei e tive um prazo recorde para coletar o material da nova pesquisa em outra cidade, ler todo o arquivo, escrever o novo projeto, responder a um questionário gigante e enviar para a FAPESP na data-limite, aliás, realidade que me permitiu dormir apenas 3 horas por dia por 30 dias. Como os finais felizes são sempre os melhores, depois da tempestade veio a bonança (6 meses depois), com o comunicado de que "o projeto inicial foi deferido", usando as palavras da FAPESP.

A emoção foi tão grande que eu não acreditei nessa possibilidade e liguei para a instituição para compreender melhor o teor da mensagem, visto que a expressão "projeto inicial" parecia uma aprovação incompleta e, então, perguntei o que ela significava. Recebi a resposta: "Parabéns, Larisse, agora você é uma bolsista FAPESP, conseguiu a aprovação sem precisar fazer correções no projeto inicial, blá blá blá... o que é muito raro acontecer".

Naquele momento, nascia uma nova fase da minha vida, ou melhor, a fase que ainda me serve de modelo de superação para tantas outras. Ter fé, foco e disciplina se encaixam, perfeitamente, no ditado "Deus ajuda quem cedo madruga".

Fazer a travessia do sonho para a realidade nunca é fácil, porém mais difícil é atravessar uma vida inteira sem realização e deixar de tentar por temer o desconhecido que exige toda a sua entrega, benevolência e a grande vontade.

Uma adulta no meu coração

Nada que eu aceite sobre mim pode ser usado contra mim para me diminuir.

Audre Lorde

Foi nesse intervalo de tempo que encontrei o caminho mais corajoso da vida e comecei a intensificar o amor que adoece no coração e confiar no amor que cura, assim como a intensificar a dor que destrói o coração e a confiar na dor que atende, em especial, na minha vida, na vida a dois e na vida de muitos. Nenhuma mulher que rejeita seus traumas será desprovida de eternizá-los, mas todo esforço deve ser feito para que ela seja despertada e acompanhada em seus inúmeros processos de cura. Nesse contexto, iniciei a terceira fase.

O casamento nunca foi a minha prioridade, mas casar e ter filhos eram meta de vida e caminho aberto para o futuro. Porém, deixei que esse projeto acontecesse depois dos estudos e, por esse motivo, aconteceu com quase 30 anos. Já tinha duas graduações, um mestrado e um doutorado a caminho quando me casei pela primeira vez e fui morar na cidade mais cobiçada dos meus sonhos: São Paulo. Aquela cidade de pedra, acordada 24 horas, diversificada e cheia de possibilidades que se encaixava nas memórias das novelas da Globo que tanto me inspiraram (risos). Não foi um mar de rosas, nem morar em São Paulo, muito menos viver o casamento real. Foi, então, que o amadurecimento bateu à porta e me exigiu uma despedida grandiosa daqueles episódios. Fase desafiadora com final triste: fim do casamento, regresso para a casa dos pais na cidade "apertada", metástase do câncer da mãe e a companhia do fracasso.

Nunca gostei de ficar de mãos dadas por muito tempo com o fracasso e, por essa razão, em 10 meses, já estava adaptada à velha vida nova, trabalhando fora da área da educação, mas lucrando no universo da indústria farmacêutica, ampliando o círculo de amizades, viajando para cidades incríveis, cuidando do corpo e da alma e, ao mesmo tempo, me preparando para fazer a despedida mais difícil da vida: "concordar com a morte da mãe". Foi no dia 16 de janeiro de 2008, às 22h, dia e horário que conheci o maior vazio da alma e que, sem perceber, me fez dar as mãos novamente para o fracasso.

Um minuto de silêncio para a mulher que conheceu a vida de cabeça para baixo, sem sentido, sem lugar, sem perspectiva e sem saber como migrar para os novos tempos, sem a força que um dia conheceu. Aprendi que colar os caquinhos do coração e recomeçar de cabeça baixa são dois movimentos da vida que podem dar certo.

Eu de você

Desde pequena, sonhava com o "casamento de verdade", aquele em que a vida a dois acontece entre duas pessoas que se acompanham lado a lado, em que os dois possuem natureza compatível (não são nem melhor, nem pior que o outro) e que olham para a mesma direção. Esses sonhos me levavam para um cenário alegre, amoroso, maduro, colaborativo e cheio de realizações – a verdadeira família da propaganda da margarina. Na mente, o casamento já estava planejado; no coração, o casamento não era possível. Mas eu não sabia que, entre a idealização e a realidade, existia uma grande distância.

Os anos se passaram, as relações afetivas aconteceram paralelas às confusões emocionais e a solidão afetiva cresceu internamente em cada relação e me acompanhou ao longo do caminho.

Na primeira fase da vida, antes do primeiro casamento e da morte da mãe, conheci o famoso discurso:

- "Sou amada e não consigo amar da mesma maneira".

Na segunda fase da vida, depois do primeiro casamento e da morte da mãe, conheci outro famoso discurso:

- "Amo quem não me ama".

Eu não conhecia os motivos reais que me apresentaram as duas fases, mas sabia que, em ambas, eu tinha medo de ficar sozinha. Escolher novos caminhos exigiria atravessar por incertezas ainda mais solitárias. Ainda assim, eu o fiz. Várias vezes, distrai-me no percurso, me cansei com os esforços e com a espera, mas insisti na aprendizagem com ajuda profissional e espiritual e fui me aprofundando no desenvolvimento pessoal. Então, chegou o grande dia: a consagração do meu segundo casamento. Assim que chegamos ao cartório, deparei-me com uma curiosa "coincidência": meu pai estava vestido igualmente ao meu futuro marido (rimos muito, mas eu tremia por dentro). Foi uma cena engraçada, mas, para mim, foi um convite da vida para que eu tomasse uma importante decisão: ou continuaria sendo a "filhinha do papai", casada com o "papai" no coração, leal às necessidades dele, com a ilusória "garantia" de ser sempre protegida por ele, mas indisponível para um homem de carne e osso, ou me divorciaria do "papai" para casar-me com esse homem real, assumindo com ele todos os desafios da vida conjugal ao topar correr os riscos da vida adulta.

Resultado: abri o coração e escolhi o homem.

Somos dois adultos imperfeitos, ele é um marido comum e eu sou uma esposa comum, temos um lar comum, não somos realizados como pais, porém sentimos a força desse amor e desse amar crescendo em nós.

Esse amor serviu de conteúdo legítimo para que eu percebesse que eu já estava no caminho da aprendizagem de ser uma nova mulher, pois, depois dessa realização, várias outras aconteceram e hoje também sou realizada na decisão de ser a mulher que desejo e na ousadia de continuar encontrando mais partes minhas que fazem sentido ao meu coração.

Referências

GARRIGA, J. *O amor que nos faz bem: quando um e um somam mais que dois*. Tradução de Sandra M. Dolinsky. São Paulo: Planeta, 2014. 175p.

GARRIGA, J. *Dizer sim à vida: ganhar força e abandonar o sofrimento*. Tradução de Chrystal Caratta. Valinhos, SP: Sim à Vida Editora, 2021. 184p.

HELLINGER, B. *Pensamentos a caminho*. Patos de Minas: Atman, 2005. 208p.

PEDROSA, L. *Uma nova mulher: curando a conexão mãe e filha*. São Paulo, SP: Literare Books International, 2023. 224p.

12

NOSSAS ESCOLHAS

Lúcia Meili, executiva de RH e autora, compartilha, em "Nossas escolhas", sua jornada de superação e sucesso, desde suas metas determinadas na infância até seu êxito na carreira profissional. Com determinação e apoio familiar, ela venceu desafios financeiros e profissionais, sempre seguindo seus sonhos. Seu propósito é inspirar outros a perseguirem seus objetivos, destacando a importância do planejamento, do aprendizado contínuo e da persistência no propósito que cada um traça em sua vida.

LÚCIA MEILI

Lúcia Meili

É sócia-diretora da MCA Assessoria em RH e autora dos livros *O RH como transformador de vidas e empresas* e *Guia prático para apresentação em público*. Formada em Psicologia pela PUC-SP, com especialização em Recursos Humanos pela Fundação Getulio Vargas e em Criatividade pela CPSI (*Creative Problem Solving Institute*) - Buffalo, NY University. É certificada em *Coaching* e *Mentoring* pelo *Lynn Leadership Group* e no *Foursight*, Perfil do Pensamento Inovador, ambos nos Estados Unidos. Como executiva em RH, trabalhou em empresas nacionais e multinacionais, atuando também na formação de líderes com base na inteligência emocional, sendo agraciada com prêmios nacionais e internacionais, como o *M&A Awards* e o *Business Excellence*. Atualmente, é consultora, mentora e *coach*.

Contato
luciameili@gmail.com

Rememorar nossa vida e perpetuar nossa história em um livro não é uma tarefa das mais fáceis, pois tem que estar embutido nestas poucas páginas um desejo sincero de tocar corações, de transmitir algo de bom, um ensinamento, uma mensagem, enfim, deixar gravado aqui um legado. Aliás, este é o cerne do meu propósito de vida: inspirar pessoas que talvez estejam descrentes dos seus talentos a retomarem seus planos e acreditarem firmemente em si mesmas, buscando ajuda se necessário. Eu dou testemunho que basta não desistir dos nossos sonhos que as coisas vão clareando, pois a vida é muito importante para pararmos no meio do caminho. Portanto, vou contar a vocês com toda clareza meus sucessos e percalços. Tudo o que conquistei foi por meio de minhas escolhas, por isso o título deste breve relato de minha trajetória pessoal e profissional, jornadas que se entrelaçam, por óbvio, não tem como.

Convido vocês, então, para virem comigo neste "trem" da minha história.

As metas definidas desde criança

Aprender sempre!

Eu nasci numa cidadezinha do interior paulista chamada Porto Ferreira, em uma família humilde, mas não enxergava limites para meus sonhos ambiciosos. Lembro-me de ter estabelecido a primeira meta da minha vida quando tinha uns 4 anos de idade. No fim da rua onde minha avó morava, passava a linha do trem, e eu brincava com meus primos lá por perto. Quando ouvia o apito, olhava para aquele trem e aquelas pessoas na janelinha, e achava tudo muito lindo! Foi nesse contexto que tomei minha primeira decisão: "Um dia eu também vou pegar esse trem e vou até o fim da linha, porque eu quero saber para onde ele vai".

Meu pai foi um dos migrantes bem-sucedidos que conseguiram trabalho em São Paulo. Depois de um tempo, ele veio buscar a família para nos estabelecermos na capital paulistana. Quando entrei naquele trem, logo pensei: "Minha primeira meta de vida foi atingida, que legal, era aqui que eu queria estar. Cheguei!"

Ainda falando da infância, tenho aqui comigo que, se sou guerreira hoje, é por causa das minhas raízes indígenas. Minha avó Julia era índia e foi uma figura feminina muito importante para mim.

Já o amor pela educação, eu herdei do meu pai. Ele não teve a oportunidade de estudar e envidou todos os esforços para que os cinco filhos seguissem em frente nos estudos. Eu tinha uma vontade imensa de estudar e ansiava por aprender a ler e escrever. Quando aprendi, minha irmã Clara me deu um quebra-cabeça com o desenho do mapa-múndi. Eu ficava encantada vendo os continentes e os diversos países do mundo, gostava de remontar tudo com frequência e ficava imaginando para onde eu gostaria de viajar. Esta foi minha segunda meta na vida, aos 8 anos de idade: viajar para conhecer outros países. Sim, eu consegui realizar este sonho também! Um dos países que mais me chamavam a atenção pela beleza e pelos seus chalés encrustados nas montanhas era a Suíça, que via não só no quebra-cabeça, mas em filmes. Anos mais tarde, contemplei as paisagens que me encantavam bem de perto.

Por isso, eu digo: sonhe alto, mas de nada adianta sonhar e ficar sentado na cadeira esperando as coisas acontecerem. Sempre planeje seus passos e trabalhe diligentemente em seus objetivos, pois esta é a melhor forma de transformar metas em realidade. Nesse sentido, gosto muito da frase atribuída a Walt Disney: *Se você pode sonhar, pode realizar*.

A realidade bateu à porta

Desistir nunca!

Curiosos para saber o impacto da realidade quando fui atingindo a adolescência e a juventude? Imagine uma garota de família humilde, que estudou em colégio público, querendo conhecer o mundo e tendo metas tão altas! Meu pai era muito trabalhador, mas o salário de operário era apertado para suprir as necessidades básicas de uma família de 7 pessoas. Os obstáculos foram surgindo à minha frente, um a um. Como atingir a meta de cursar uma faculdade, de fazer cursos de especialização, de estudar um idioma? Como conseguir me destacar para ter um emprego que me desse a possibilidade de galgar novos degraus, de subir alto como meus sonhos me faziam vislumbrar? Sim, as limitações financeiras poderiam ser paralisantes, mas fui atrás da superação de cada entrave, sempre com a esperança de poder saborear cada conquista, por menor que fosse, abrindo portas aqui e ali com a cara e a coragem. Olhando para trás, vejo que não impus limites à procura da perfeição em cada ação que eu me propunha a fazer. Na fase da descoberta da realidade, que nem sempre – aliás, nunca – era propícia às minhas aspirações, decidi que não havia espaço para agir como um pião errático, mas sim seguindo uma disciplina firme a fim de vencer as fraquezas e limitações, com as quais inevitavelmente dei de cara, para ter uma perspectiva radiante de sucesso e não ilusões mágicas que não me levariam a lugar algum.

As opções

Superar obstáculos, um constante exercício de determinação

Nos estudos, encontrei o caminho para alcançar meus objetivos. Cheguei à universidade e me formei em Psicologia Organizacional. Eu já tinha bem definido na minha cabeça que optaria por este campo com o objetivo de trabalhar na área de Recursos Humanos, pois sempre gostei de ajudar as pessoas de várias formas e a missão deste psicólogo é voltada a criar e manter uma cultura de respeito e desenvolvimento das pessoas por meio de um ambiente e lideranças saudáveis. Durante o quarto ano de faculdade, conquistei um estágio numa indústria química de forma engenhosa. Encontrei esta oportunidade ao responder a um anúncio de emprego para engenheiro químico num jornal, presumindo que a empresa possuía um setor de Recursos Humanos que poderia necessitar de uma estagiária de psicologia, pois no anúncio grande e colorido pedia-se que o aspirante enviasse um currículo. Liguei e conversei com a psicóloga, que disse: "*Vem conversar comigo, vai ser bom termos uma estagiária por aqui*". Imaginem só: fui contratada! Me sinto privilegiada por ter trabalhado desde o início em minha área profissional e em empresas com um RH de ponta. Não demorou muito e o convite de uma amiga da faculdade me levou à Massey Ferguson Tratores, onde passei pelo processo seletivo e fui aceita. Foi nessa época que conheci meu futuro marido, que era suíço e trabalhava na área de exportação. E vejam, já contei a vocês sobre o país que eu achava mais lindo no meu mapa-múndi: a Suíça!

Para me desenvolver na empresa canadense de tratores, enfrentei o desafio de aprender inglês. Sem dinheiro para pagar o curso, minha estratégia foi bater na porta de uma escola boa da região da Avenida Paulista, que ficava no meu trajeto, e expor minha situação com o coração aberto.

— Quero muito aprender inglês, sou estudante de psicologia, trabalho numa multinacional, mas não tenho condições de pagar.

Então, a pessoa que me atendeu disse:

— Entregue todos os documentos comprovando que você não tem dinheiro para pagar o curso e você poderá concorrer a uma bolsa de estudos integral.

Tenho certeza de que a pessoa que me atendeu percebeu minha determinação em estudar com afinco. Eu segui todos os passos, fiz o exame e ganhei a bolsa! Intensifiquei meus estudos, adiantando módulos durante as férias para acelerar meu progresso e pular semestres. Minha rotina era intensa, mas gratificante, pois combinava estudos e trabalho em uma área que amava. Na empresa, tive a oportunidade de contribuir para o desenvolvimento de treinamentos corporativos, sendo posteriormente convidada para ministrar um curso para os gerentes. Minha gestora reconheceu meu potencial e me incentivou, proporcionando valiosas lições de desenvolvimento pessoal.

Aliás, aqui um parêntese: o apoio de professores capacitados na faculdade e a orientação de profissionais experientes no mercado de trabalho foram fundamentais para meu desenvolvimento. Encontrar pessoas generosas que realmente compartilham ensinamentos e gostam de ver o desenvolvimento de quem está à sua volta é uma dádiva.

Depois da empresa de tratores, fui para a Johnson & Johnson. Minha entrada nessa companhia maravilhosa, que tinha verdadeira cultura de time e já trazia embutidos os conceitos de *compliance* e ESG em plenos anos 1980, foi um capítulo à parte. Para dizer o mínimo, foi uma história hilária e pitoresca. Ao saber da oportunidade por meio de um ex-diretor da Massey Ferguson, enviei meu currículo à J&J pelo correio, coincidindo com o período em que estava me recuperando de uma cirurgia de amígdalas, que optei por fazer naquele momento para aproveitar o restante do plano de saúde, já que havia acabado de ser desligada da empresa de tratores. Estava ainda no hospital quando minha mãe ligou e disse que o pessoal da J&J queria falar comigo. Sorte que o médico do ambulatório da Massey que estava comigo era muito bacana e se ofereceu para ligar para o RH da J&J para agendar a entrevista de emprego, já que eu não conseguia falar. Quando eu percebi que eles estavam querendo deixar a entrevista para mais adiante por causa da minha situação de saúde, eu gesticulava para lá e para cá, para o médico agendar a entrevista o mais breve possível. Deu certo! Nem conseguia falar direito durante a entrevista com o José Carlos Moretti – que depois se tornou um grande amigo e parceiro de jornada profissional em palestras motivacionais –, mas, como eles tinham meu currículo, fui contratada como analista de RH, ingressando na divisão de *Baby Products*. Posteriormente, fui realocada para a divisão *Corporate* da empresa, onde trabalhei sob a gestão inspiradora de Nelson Savioli, um dos pioneiros do RH humanizado no Brasil. Em 1984, meu marido, que na época trabalhava em uma empresa farmacêutica, foi transferido para a Suíça, e solicitei uma transferência temporária para a Johnson & Johnson naquele país. Com o apoio de Nelson Savioli, minha solicitação foi aceita e embarquei em uma nova jornada na sede suíça da empresa, onde pude aplicar meu conhecimento em alemão. Aqui, mais uma vez, o esforço para superar barreiras se fez presente. Sabem por que eu aprendi alemão? Porque conheci meu futuro marido em 1979 e nós frequentávamos muito a comunidade suíço-alemã no Brasil. Então, eu pensei: "Ou eu aprendo alemão, ou troco de namorado".

Mas, como o amor era grande, decidi fazer o curso. Sempre gostei de alemão, pois parte dos meus ancestrais veio da Alemanha. Além da avó índia, tenho ascendência italiana também. É uma nação unida a minha família!

Essa etapa da minha carreira foi marcada por aprendizado, crescimento profissional e a realização de sonhos, refletindo a importância da determinação e do apoio das pessoas certas ao longo da jornada. Nessa empresa, eu aprendi, me desenvolvi e, posteriormente, pude até ensinar as novas gerações.

Entretanto, no auge da carreira, o dilema enfrentado por muitas mulheres entre manter uma carreira profissional ou dedicar-se à maternidade me fez parar para repensar minha rotina, que estava se tornando enlouquecedora e com uma logística igualmente insana. Quando nasceu meu segundo filho, meu primeiro filho estava com apenas dois anos, pensei:

— Minha vida está uma loucura, porque eu estou sempre atrasada, atrapalhada e não me sinto boa em nada!

Fui contra tudo e todos, ouvi apenas meu coração, priorizando o cuidado dos meus filhos. Então, deixei o emprego em ascensão. Foi uma escolha que considero das mais acertadas em minha vida, apesar das duras críticas que sofri por viver em um tempo em que as mulheres são instadas a deixarem tudo para trás em busca do sucesso profissional. O cumprimento de minha missão como mãe e a paz interior foram minhas metas.

Contrariando as expectativas dos que, mesmo sem maldade, achavam que eu emburreceria e não conseguiria mais voltar ao mercado de trabalho, no tempo oportuno, voltei com força total. Só que antes eu quis me atualizar, pois não queria voltar simplesmente do ponto onde havia parado. Meu ponto de partida foi fazer um curso de criatividade e inovação na Universidade de Nova York, em Buffalo. Lá fui eu para os Estados Unidos, e com o ânimo lá em cima! Em Buffalo, conheci muita gente "fora da caixa", e pensei: "Que maravilha, me encontrei por aqui!". Isso foi em 2000.

Participei de duas edições dos encontros anuais promovidos pelo CPSI – *Creative Problem Solvig Institute*, que tem o objetivo de desenvolver o pensamento inovador e a criatividade. Foi por meio desse grupo que acabei chegando à Lynn Leadership, empresa de Adele Lynn, que se tornou uma amiga e parceira de negócios na área da Inteligência Emocional, uma de minhas áreas de expertise. E esse foi outro ponto inusitado de minha história. Indicada por alguém do grupo do CPSI, recebi um e-mail da equipe da Adele com o seguinte texto: "Tivemos a indicação do seu nome e gostaríamos de saber se você é a pessoa certa". Eu respondi:

— *Yes, I am.*

O pessoal logo me retornou, dizendo: "Nunca recebemos uma resposta tão rápida e objetiva!".

Foi um daqueles momentos grandiosos em que uma decisão pode mudar o rumo de sua vida. E mudou. Adele Lynn havia fechado um contrato com um grande cliente mundial e precisava reunir pessoas de vários países para traduzir para vários idiomas o material do treinamento com base na Inteligência Emocional. No grupo do Brasil, sob minha responsabilidade, havia cerca de 120 pessoas. Adele Lynn mostrava às empresas que a capacitação dos colaboradores sob a visão da IE aumentava imensamente os resultados financeiros. A Inteligência Emocional entrou em minha vida para ficar, norteando muitas das minhas ações pessoais e profissionais. Nesse caminho, também me certifiquei para o *FourSight* (questionário sobre o Perfil do Pensamento Inovador), que tem um link com as competências emocionais. Fui a primeira brasileira a receber esta certificação. Enfim, o curso em Buffalo foi muito frutuoso. Lá, assisti a uma palestra que levava o nome de *It's a Wonderful Life*, que foi um divisor de águas em minha vida. A experiência foi tão relevante que decidi compartilhar com mais pessoas. Retornando ao Brasil, adaptei essa vivência utilizando trechos de filmes e documentários que transmitissem mensagens motivacionais e inspirassem o público a pensar, de forma distinta, na diferença que cada um fazia no mundo. Essa abordagem visava tornar a experiência lúdica, porém levava a uma reflexão profunda para fazer as pessoas tirarem seus sonhos do fundo do baú, redescobrirem seus talentos, qualidades, paixões e, assim, encontrarem seu propósito de vida traçando estratégias para realizá-lo. O exercício recebeu esse título – *It's a Wonderful Life* – devido ao filme de mesmo nome, de 1946, e que aqui no Brasil foi lançado como *A felicidade não se compra*.

Eu começava perguntando:

— Se você fosse descrever o *script* da sua vida, qual seria? Um drama, uma comédia, uma aventura... Você está feliz com esse roteiro? Se quisesse mudar, qual roteiro escolheria?

Um dos desdobramentos significativos dessa trajetória foi o envolvimento em um projeto social liderado por Manoel Oliveira, ex-vice-presidente executivo de finanças da Embraer, que visava preparar jovens de escolas públicas para o ingresso na universidade. Apliquei meus conhecimentos em mentoria e *coaching* coletivo, contribuindo para o desenvolvimento pessoal e acadêmico desses estudantes. Recentemente, reencontrei Manoel, que disse que, depois daquela sementinha plantada na palestra *"It's a Wonderful Life"*, ele fortaleceu a ideia de criar o Instituto Semear e dar continuidade ao trabalho com os jovens estudantes de baixa renda. Quanta felicidade em poder colher tantos frutos na caminhada profissional!

Momento de celebrar as conquistas

A mistura perfeita de realização, sentimento de missão cumprida e novos planos!

Minhas escolhas me fizeram chegar até aqui. E digo a vocês com um orgulho do bem – mas sem subir no salto – que tive mais acertos do que erros e, especialmente, que sempre fui fiel aos meus valores. No final das contas, o que conta é você poder olhar para trás e saber que sempre viveu com honestidade emocional. Sonhei, planejei, estudei, consegui trabalhar na minha área de interesse desde sempre, primeiro por um bom *networking*, pude viajar pelo mundo conhecendo muitos daqueles países que antes eram só peças espalhadas no meu quebra-cabeça de mapa-múndi, realizei o sonho de ser mãe – e hoje sou avó da Lara e do Davi – e, por fim, posso contabilizar momentos memoráveis em minha trajetória. Minha vida sempre foi assim, com planejamento e organização.

Esse meu perfil estrategista para alcançar meus sonhos veio das influências e do apoio da minha família, especialmente dos meus filhos Leandro e Bruno, meus maiores orgulhos. Eu sempre sonhei bastante e nunca me peguei pensando que meus sonhos fossem impossíveis.

Hoje, vejo meu propósito de vida dando frutos e as pessoas me dando um *feedback* positivo da minha passagem pela vida delas, quer como mentora, *coach* ou na gestão de RH. Recentemente, realizei o sonho de escrever um livro sobre os marcos da minha história pessoal e profissional. Nele, numa narrativa recheada de "causos", pessoas que trabalharam comigo em diferentes contextos fizeram um relato sobre o impacto do meu trabalho, evidenciando a importância do RH no desenvolvimento de carreiras e na formação de líderes. Meu empenho é contribuir para preparar verdadeiros líderes, não simplesmente chefes, mas profissionais que buscam descobrir o que seus liderados têm de melhor e são suficientemente habilidosos para transformar diamantes brutos em joias belíssimas, com uma visão civilizatória e ajudando a desenvolver as pessoas que estão sob sua batuta. A liderança tem o poder de transformar até o ambiente familiar, pois a pessoa e o profissional não se dissociam: um ambiente profissional justo contribui para um ambiente familiar harmonioso, o que impacta toda a sociedade.

Fui descobrindo e aperfeiçoando meu propósito ao longo do tempo. Agora, compartilhar minhas experiências com as pessoas passa a ser meu propósito, com o intuito de inspirar aqueles que talvez estejam num impasse, sem saber que caminho seguir.

Encerro nossa conversa com alegria e entusiasmo, pois conto a vocês que, coroando esta minha partilha de história de vida, continuo estudando para aprimorar meus conhecimentos. Iniciei neste ano de 2024 o curso *on-line* de *Leadership Excellence* de Harvard. A parceria para este curso não poderia ser melhor: meu filho mais novo, Bruno.

Vou parar por aqui? Não! Pretendo me atualizar sempre e tenho outro plano conjunto com meu filho: fazer um curso presencial na Universidade de Harvard, em Boston. Esses cursos, no alto dos meus 60 anos de idade, serão mais uma grande realização em minha jornada.

Alguns reclamam que a vida é dura e se paralisam por isso. Não se pode criar muletas para não lutar por aquilo que queremos e acreditamos. Se não dá para fazer de um jeito, faça de outro; se uma porta se fechou, abra uma janela; se recebeu um não, prepare-se melhor para ir em busca de um sim.

Acredito que todos os momentos, bons e não tão bons, foram importantes para o meu crescimento, pois contribuíram para forjar meu caráter, nortear meu propósito e minhas ações. Vou até o fim da jornada, tropeçando, caindo muitas vezes, mas com a confiança de que só serei feliz se me esforçar para conquistar minhas metas. A jornada rumo ao sucesso é marcada pela perseverança e dedicação constante, peças fundamentais nesse quebra-cabeça chamado vida.

Nunca saberemos o quão forte somos, até que ser forte seja a única escolha.

Autor desconhecido

13

SAÚDE TEM UM "S"

Na vida, passamos por muitos embates. Lutas materiais, perdas de entes queridos, quebras de relacionamentos, ultrajes, ofensas ou mágoas que sofremos. Mas o grande desafio é a resposta à seguinte pergunta: o que *você* faz daquilo que fizeram para *você*? Quero compartilhar qual foi a minha resposta quando a vida me desafiou.

MAGALI AMORIM MATA

Magali Amorim Mata

Palestrante, consultora e autora best-seller, reconhecida dentro e fora do Brasil, já treinou mais de 2.000 profissionais nas áreas motivacional e comportamental. Docente, Mestre em Gestão e Desenvolvimento da Educação Profissional, *lato sensu* em Propaganda e Marketing, tem 27 anos de vivência corporativa. É *Sustainable Coacher* pelo CCE, vinculado à Internacional Coaching Federation, especializada em coaching acadêmico. Sua missão atual é despertar o potencial de seus mentorados e mentoradas para viverem autenticamente e serem "donos de seu pedaço". É escritora, coautora em 21 projetos editoriais, com três **best-sellers**: *Inquietos por natureza*; *Você brilha quando vive sua verdade*; e *Excelência no Secretariado*, esse último publicado pela Literare Books International, já em sua segunda edição.

Contato
www.magaliamorim.com.br
Instagram: @magaliamorim
LinkedIn: linkedin.com/in/magali-amorim-2386516

De repente, uma dor. Fortíssima. Sentei-me no sofá quase sem ar... "Que dor forte em meu estômago é esta?", pensei comigo. Mal conseguia respirar. Fiquei inerte, imóvel, respirando pausadamente. "Acho que vou para o pronto-socorro", pensei novamente. Continuei respirando devagar até que, aos poucos, ela foi passando.

Depois de alguns dias, lá veio ela novamente. Respirei. Mas logo se foi. Menos intensa que da primeira vez. Era dezembro de 2018.

Logo chegariam as férias, por isso decidi passar o verão na praia e só retornar no final de janeiro. Lembro-me de, na volta, minha irmã me perguntar se eu não iria investigar o que eram as minhas dores de estômago. Eu, para ela: "Que dores de estômago?". Ela: "Ué, você não vive dizendo que seu estômago está doendo?". Como é fácil, na correria do dia a dia, nossa distração nos afastar de nós mesmos! Eu sequer me recordava das dores fortes que havia sentido há dois meses.

Marquei consulta e fiz os exames solicitados pelo médico, incluindo uma endoscopia. Claro que tudo isso demorou mais uns três meses. Os exames ficariam prontos exatamente no dia 1º de maio, uma quarta-feira. Deixei para buscá-los na segunda-feira seguinte, o que não fiz.

Lembro-me de que naquela segunda-feira, 06 de maio, por volta das 16h30, meu telefone tocou e era do convênio médico. A atendente foi imensamente gentil, muito amável e me perguntou se eu já havia levado os exames para o meu gastroenterologista ver o resultado. Respondi que ainda não. Ela repetiu a pergunta e eu repeti a resposta.

Ela, gentil ao extremo, explicou que estavam me inserindo num projeto chamado Alerta, para verificação detalhada dos resultados encontrados e que já estavam agendando uma série de exames médicos para aquela mesma semana.

Naquele momento, eu ainda não havia entendido o que estava acontecendo. Encontro uma colega de trabalho e comento sobre o estranho telefonema. Ela, muito amorosa, disse que eu deveria **sim** fazer todos aqueles exames.

No dia seguinte, uma terça-feira, acordei bem preocupada. A docilidade da atendente não havia me deixado entender o que estava se passando comigo. Decidi ir direto ao médico que havia feito a endoscopia. Por sorte, me deixaram falar com ele. Perguntei-lhe: "Doutor, o que exatamente está acontecendo comigo?". Ele: "Você será operada e ficará CURADA. CURADA". Suas últimas palavras foram bem veementes.

Imediatamente me encaminharam para uma profissional habilidosa que me explicou direitinho o que estava se passando comigo: haviam encontrado algo em meu corpo. E até que todos os exames fossem concluídos, eu seria encaminhada para a área oncológica para investigação do que foi encontrado. Chorei ali com ela, mas ergui minha cabeça e disse: "OK. Vamos lá".

Naquele mesmo dia, tarde da noite, comuniquei à família sobre todo aquele quadro. Não foi uma tarefa fácil. Minha irmã mais velha me falou com uma força e fé (que ela não costuma evidenciar!) algo que muito me fortaleceu: "Você vai ficar curada. ISSO AQUI NÃO É NADA. ISSO AQUI NÃO É NADA", batendo suas mãos sobre os envelopes dos exames médicos e falando bem alto.

Sou uma pessoa de imensa fé. Sim, tenho uma fé gigante. "*Porque eu sei em quem tenho crido*, (II Timóteo 2:1) *e também sei que Ele é poderoso para fazer infinitamente mais*" (Efésios 3:20). Então, tomei uma decisão: eu escolhi a dedo as pessoas para quem eu iria contar. Por quê? Porque eu precisava de pessoas que tivessem, no mínimo, a mesma fé que eu. Eu não precisava de pessoas com fé "duvidante", claudicante ou vacilante. Eu precisava de pessoas com fé ferrenha como a minha. Lembro de, no dia seguinte, na quarta-feira, telefonar para uma amiga, de uma denominação distinta da minha, e contar-lhe as "novas". Enquanto eu lhe contava, ela exclamava "Santo Deus, Santo Deus" e na mesma hora arregimentou um exército para estar orando por mim.

Na sexta-feira daquela mesma semana, fiz uma tomografia. Quatro dias depois, uma CPRE, um exame médico que é um palavrão: colangiopancreatografia retrógrada endoscópica para analisar eventuais distúrbios no sistema biliopancreático.

Eu tinha um ingresso, comprado anteriormente, para uma peça de teatro, no mesmo dia da tomografia. Eu fui. O espetáculo da Companhia Nissi, chamado "Rua Azuza", retratava a história de William Seymour, um afrodescendente, que após se converter, tinha como alvo orar até que o Espírito Santo derramasse sobre si o dom de línguas e pela conversão dos habitantes da cidade de Chicago. Antes da peça começar, eu ali, quietinha no meu assento, comecei a falar com Jesus e lhe contar tudo o que estava acontecendo e lembro de lhe dizer que eu não ia desistir de mim. Naquele mesmo instante, naquele lugar, cheio de gente, na penumbra das luzes, eu senti algo tremendo acontecer em meu corpo e ser tomada por uma total calma.

Um casal de amigos meus, com quem compartilhei meu caso, imediatamente recomendou que eu assistisse ao documentário "*Heal,* O Poder da Mente" e assim o fiz. O documentário não apenas cientificava, mas de quebra teve o poder de superlativar a minha fé. Assisti por duas vezes e, na segunda vez, comecei a tomar várias notas, pois aborda a cura pela fé e pelo poder da mente. A autora realizou diferentes pesquisas para compor um documentário interessantíssimo.

Enquanto eu assistia, me lembrei de um livro sobre comportamento organizacional, que tem um capítulo sobre o Estresse Gerencial com sugestões para gestores que enfrentam a quimio ou radioterapia. Interessante que o título desse tópico é "*Programa de treinamento para redução do estresse e cura das doenças recorrentes*", baseado nos estudos de Carl Simonton, ex-diretor do Centro de Pesquisas e Aconselhamento a pacientes portadores de Câncer em Dallas, no Texas.

O texto propõe dezenove passos para alcançar uma determinada postura e atitudes mentais como forma de auxiliar na eficácia e efetividade de tratamentos oncológicos. Os passos perpassam desde respiração a visualizações mentais. Depois de ler e reler umas três ou quatro vezes, eu fiz minhas adaptações e iniciei um veemente ataque às células que estavam "desreguladas". Não pretendo aqui, absolutamente, convencer ninguém acerca do que eu fiz. Eu estou apenas contando um episódio marcante que vivi. Meu relato não tem a menor pretensão de convencê-lo de nada. Combinado?

Iniciei um ataque ininterrupto, vou repetir, ininterrupto às células do meu corpo que estavam doentes. Eu determinei que as células saudáveis do meu corpo se constituíam em um gigantesco exército e que elas metralhavam e destruíam as células não saudáveis e as eliminavam do meu corpo pelas funções de excreção. Uma das explicações de Carl Simonton é a de que as células saudáveis são fortes e inteligentes, e as afetadas são fracas e confusas. Ou seja, as células saudáveis têm o poder de destruir as fracas. Eu estou relatando como eu fiz, e não estou transcrevendo o capítulo que li, mas deixarei nas referências o livro citado. Eu visualizava ininterruptamente, dezenas de vezes ao dia, o ataque das células saudáveis às fracas. Mas não era uma mera repetição. Eu fazia com muita fé, garra, determinação, discernimento e total confiança. Eu sabia que aquela prática provocaria, desencadearia um resultado visível nos exames que seriam feitos posteriormente.

Eu associei o que vi no documentário com o que estava no livro. E fazia isso com muita veemência, muito foco, sem me desviar absolutamente do meu objetivo. Às vezes, era em voz audível e, outras vezes, apenas mentalmente. Mas fazia isso ininterruptamente. Em meio a meus afazeres cotidiano, eu ferrenhamente colocava o **exército** para entrar no campo de batalha buscando a vitória.

Essa prática eu compartilhei tão somente com aquelas pessoas que fizeram parte do meu QG! Há estudos científicos que validam o que estou relatando, incluindo o documentário que citei. O livro *O Segredo* é um bom exemplo disso, e há diferentes neurocientistas pelo planeta que comungam da verdade desses estudos.

Meu convênio médico me pegou no colo. Eu me senti como uma criança que é amparada nos braços da mãe. Do dia 10 de maio a 11 julho de 2019, foram inúmeros exames médicos, ida aos especialistas e, em todos esses eventos, eu via o quanto era muito bem tratada por todos, mas acima de tudo, via como Deus estava tomando conta de mim, fosse diretamente, fosse usando todas aquelas pessoas envolvidas.

Começaram as consultas com os médicos que seriam meus cirurgiões para análise de todos os exames realizados até então. O primeiro que me recebeu era uma figura! De aproximadamente uns 39 anos, relativamente jovem, era tão jocoso quanto eu. Explicou o percurso dos exames até chegarmos à cirurgia. Já o segundo cirurgião, numa nova consulta, era de um temperamento austero, eu diria até mesmo cético. E tão assertivo quanto eu. Foi ríspido. Áspero. Por um triz eu não me desentendi com ele. Por respeito à minha irmã que me acompanhou na consulta, eu me contive e não esculhambei! Mas, assertivamente (será?!), fiz minhas colocações.

Faltava marcar a cirurgia, mas eu dependia da agenda deles. E provavelmente seria para o final do mês de julho. No dia 13 de junho, o cirurgião engraçado e jocoso me telefonou e disse: "Temos uma disponibilidade para sua cirurgia no dia 20 de junho. Você topa?". Uma semana! Eu imediatamente respondi: "Topo!". Isso demandaria mais uns dois ou três exames e um preparo nutricional. Corri o máximo que eu pude.

Dei entrada cedo na unidade médica. Como disse antes, eu fui praticamente carregada no colo pelo meu convênio. A delicadeza, a doçura, o profissionalismo, o amor que eu recebia foi algo realmente tocante. Mas pensa na "mulher do *Heal*". Como assim? Eu perguntava para todos que me atendiam, indistintamente, se já haviam assistido ao tal documentário. E para minha surpresa, todos respondiam afirmativamente. Aquilo me dava um alívio.

Depois de instalada no quarto do hospital, mais exames até ser levada ao centro cirúrgico. Como eu não parava de falar, eu perguntava para todo mundo se tinham alguma religião ou se criam em Jesus. Coincidência ou não, todos respondiam que sim. E os colocava a orarem comigo. Até mesmo na antessala do centro cirúrgico, as auxiliares que estavam no plantão eu coloquei para orarem comigo.

Lá estavam os dois cirurgiões. O jocoso e o ríspido. Mas eu nem me importava mais com a sua rigidez e, como sou mais jocosa que ríspida, comecei a brincar e interagir mais com ele. O anestesista veio e, óbvio, dali em diante não me lembro de mais nada.

De volta ao quarto, após a recuperação anestésica, eu não sentia absolutamente nada. Passadas umas 5 horas, eu quis descer da cama com a ajuda adequada. Quando o meu pé tocou o chão, era como se tivessem colocado uns 40kg no meu abdômen. Eu não tive forças nas pernas. Não fosse a ajuda de ambas, enfermeira e irmã, talvez a queda fosse iminente. Disse: "Minha irmã, agora eu senti o peso dessa cirurgia". A recuperação seria delicada. Três meses sem movimentos bruscos, sem pegar peso, sem abaixar, sem cair.

O resultado da biópsia saiu no dia 11.07. Advinha quem me deu o resultado? Ele! O cético! Já estávamos mais próximos. Após me avaliar, me sentei à sua frente e perguntei: "Você já tem o resultado?". Ele: "Já". Levantou-se, colocou-se de pé e, com seus braços estendidos para cima, gritou: "Você não tem NADA! Você não tem NADA! Você não tem NADA!". Seus olhos estavam marejados.

Ali mesmo, em sua frente, comecei a orar, do meu jeito, agradecendo a Deus pela sua bondade e fidelidade. Perguntei a ele, provocativamente: "Mas, doutor, precisava desenhar um **S** na minha barriga?!". Ao que ele me respondeu: "'S' de Sem câncer. 'S' de Sem câncer!".

Lembram-se da endoscopia que desencadeou tudo isso? Eu nunca havia aberto o envelope para olhar o resultado, pois eu realmente penso que não compete a mim avaliar. Eu não tinha noção do laudo. Apresentava uma formação de grau 4. Lembra que eu senti algo acontecer no meu corpo naquela noite no teatro? Naquele instante, eu senti que **estava sendo curada**.

Soube também, pelos cirurgiões, que o resultado evidenciava uma formação de aproximadamente 4cm, mas na cirurgia foi retirada uma formação com menos de 2cm, o que os deixou espantados, pela redução em tão curto espaço de tempo.

Meu **exército** venceu!

Referências

CARAVANTES, G. *Comunicação e comportamento organizacional.* 3ª ed. São Paulo: ICDEP, 2009.

DE ALMEIDA, J. F. *Bíblia Sagrada, contendo o Velho e o Novo Testamento.* Sociedade Bíblica do Brasil.

NOOMAN, K. *Heal, o poder da mente*. Documentário. Estados Unidos. 2017.

SIMONTON, O. C. *Com a vida de novo*. São Paulo: Grupo Editorial Summus, 1987.

14

FÁTIMA

Situações extremas são oportunidades de entendermos os fios que nos ligam ao mundo. Na história real "Fátima", a autora se utiliza de uma experiência marcante em sua formação como psiquiatra para trazer o questionamento de como a construção de vínculos em nossa história pode ser o fio determinante de nossa existência.

MARIA CECÍLIA FREITAS

Maria Cecília Freitas

É médica psiquiatra de adultos e crianças, terapeuta analítico-comportamental e doutora em Saúde Mental pela USP. Autora do livro *Menos regras! Muito além da autoajuda: redefinindo seu próprio caminho*. Palestrante e, sobretudo, clínica e apaixonada pela profissão de resgate em saúde mental há cerca de 20 anos.

Contatos
www.meusingular.com.br
Instagram: @mariaceciliapsiquiatra

Poucas pessoas possuem o privilégio e a maldição de conviver muito de perto com um ser humano refém da própria cabeça, com comportamentos que ultrapassam qualquer limite racional.

Existe um lugar em que todos os dias isso acontece: nos plantões de urgência de psiquiatria.

Não, eu não tinha noção de que havia escolhido a área que expõe as maiores fragilidades humanas. Pensava que os corpos em decomposição nas aulas de medicina forense eram o que de mais pesado existiria na medicina. Imagine. O sangue parando de circular e as bactérias do nosso próprio intestino corroendo nossas células mortas podem parecer difícil de entender, ainda mais quando há a certeza de que será o nosso futuro. Mas um alívio racional temos: não estaremos ali. Carne crua.

O pior é um corpo vivo, em que uma parte da pessoa ainda mora ali, dominado por um impulso gigantesco de tirar a própria vida para alívio de uma dor que, por vezes, tocamos de leve, assustados; ou vivenciando uma realidade particular, com comportamentos totalmente desordenados para quem está de fora. Em um desses delírios, surpreendi-me uma vez com um paciente que arrancou os próprios olhos com os dedos. A voz disse que deveria arrancar para não ir para o inferno. Inferno, mal sabia, era o senhor entrando pela porta, com um olho pendurado ainda na própria mão.

As pessoas dizem que entrar em contato com tanta dor nos envelhece. Eu não me sentia assim, depois de dois anos fazendo cerca de três a quatro plantões por semana. Era muito pior. Eu me sentia, ao contrário, como em paralisia neuromuscular após aplicação de toxina botulínica. Preservada, sem marcas de expressão profundas com a dor do outro. O incrível poder que o excesso de exposição a qualquer coisa nos faz – a habituação. Um comportamento natural de resistência. Em seis meses, meus olhos não enchiam mais de lágrimas, ao mesmo tempo em que me tornava cada vez melhor em identificar diagnósticos, riscos e prognósticos. A gente encontra uma espécie de tônus ótimo de empatia porque pouca nos desumaniza e, muita, pode nos intoxicar.

Existia uma figura frequente em nossos plantões que personificava inclusive esse distanciamento emocional de todo o sistema. Eu ouvi o seu nome já no meu terceiro plantão de psiquiatria, na passagem em que o chefe descrevia para quem fosse assumir todos os casos.

— Hoje temos internado um paciente jovem, em primeiro surto psicótico, um delirium no terceiro andar, uma crise maníaca controlada... e a Fátima.

Meu colega mais graduado fez um "sim" com a cabeça apenas, para meu estranhamento.

— Fátima? Como assim? Não vão falar do caso dela?

— Ah... Você ainda vai passar muitos plantões com a Fátima. Ela tenta suicídio todo mês, às vezes conseguimos medicar e mandar para casa para vagar um leito, mas, por vezes, fica internada alguns dias com ideação suicida mantida.

A cadeira do plantão com estofado rasgado nos braços, a mesa de prescrição muito alta para os nossos ombros, e a Fátima. Um leito ocupado atrapalhando o plantão. Mas ela era incrível na arte de perder, ou ganhar, uma vaga no inferno. Uma vez, estava dando alta para ela quando sacou uma mão cheia de drogas e tomou-as na minha frente, com sorriso vencedor.

E o sorriso de Fátima era sem os dois dentes dianteiros, e sempre com a mão na frente, como em um resquício de dignidade. E ríamos muito, de nós, dos outros. Diziam que ela sempre escolhia um aluno, todo ano, como predileto. Ninguém sabia que eu é que a tinha escolhido. Um dia, foi tanta tristeza no momento de alta, que eu insisti para que os chefes me dessem uma chance de ajudá-la no Hospital-Dia, uma espécie de internação prolongada em que os pacientes passavam o dia todo com a equipe multiprofissional.

Saber a motivação de investir tanto nela é complexo. Pode ser o desejo prepotente de uma aluna que gostava de desafios, a vontade real de trazer paz para a vida dela ou porque a sua presença constante ativava um sentimento incômodo de impotência. As pessoas se esquecem de que agimos na maior parte das vezes não por uma força apenas, e sim por um somatório confuso de forças para frente e para trás, que mal identificamos, porém, que nos controlam.

Eu só sabia que o sorriso contava muito na equação. Sorrisos nos fazem acreditar que há vida nos esperando, desde os primeiros que recebemos.

Bom, no caso de Fátima, houve pouco tempo de sorrisos receptivos. Perdeu a mãe muito cedo, e seu pai logo se casou com uma pessoa que nunca conseguiu criar amor pela menina. A criação do amor não é espontânea como tantos pensam. Ela exige um querer que parte de tantos caminhos, tão diferentes para todos, mas exige. A menina sem colo ainda teve mais quatro irmãos, e hoje mora com uma irmã mais nova. Era tudo o que sabíamos, antes de visitar sua casa.

Casa sem forro, sem reboco, com paredes sujas até a metade de terra, crianças com cabelos impossíveis de serem penteados, encardidos aparentemente para sempre, tentando andar sozinhos pelos cantos, sem nenhum olhar humano; móveis improvisados repletos de caixinhas de plástico aproveitadas para se guardar os restos de um tudo, com um cheiro ocre, misturado único difícil de explicar. Eu já era muito habituada com a pobreza, que tanto convivi na minha infância, inclusive acreditando que um dia, quando velha, teria uma protuberância gigantesca no meu pescoço, como um sapo. Um dos maiores alívios da vida foi saber que era uma doença de quem não comia uma substância, que agora tinha no sal. Mas eu já tinha aceitado, com certo pesar, meu papo. Assim como aceitava com certa frieza a casa tão carente em que Fátima vivia. Todavia, entrar nos sentimentos da família relacionada a ela era triste demais para passar inerte.

Claro, o sentir do outro pela gente é uma mistura de toda sorte de criação, que vai desde o instinto de cuidado com um bebê sem dentes até os ganhos materiais que o outro nos traz; desde nossa herança primitiva de sobrevivência que faz com que busquemos o contato social até as projeções mais idealizadas de que precisamos do outro para viver. No meio, uma gama particular de coisinhas de cada um, que identificamos como parte da pessoa. Somos o que somos de fora e de dentro de nós, pois a coisa que o outro acha que somos se mistura, como um amálgama, nas impressões mais primitivas que construímos, fazendo parte do que acreditamos ser.

Quem era a Fátima para a pessoa mais próxima da sua vida, sua irmã? Uma entidade que tinha muito pouco a oferecer. Talvez nunca tivesse notado a mãozinha em frente à boca enquanto ria, e mesmo que ria. Falava com revolta da "mania de morrer" que tanto atrapalhava sua vida, pois contava com Fátima para cuidar da casa e dos sobrinhos. Isso sim é pobreza, maior que o humano.

Fátima não levantou a cabeça, e evitou o meu olhar por alguns dias. Dividíamos agora, em silêncio, um segredo muito cruel para ser aberto em voz alta. Ela nunca quis morrer, mas ser.

Esquizofrenia? Bipolar? Transtorno obsessivo-compulsivo? Qual o quadro de mais difícil tratamento em psiquiatria? Nenhum desses. Os quadros podem ser limitantes, persistentes, desestruturantes nas suas crises. No entanto, a falta de uma identidade é construção na areia. O nosso ser em formação passa por algum grau de cuidado. Nos plantões de psiquiatria, aquele cuidado quase que automatizado: uma conversa sobre o que aconteceu, o interesse pelos pensamentos e sentimentos do momento, o pijama limpo e passado, o olhar de um estudante em aprendizado, era absolutamente o que Fátima possuía de espelho de si, com sua existência.

Fátima iria acabar com todo seu esôfago vomitando todos os meses centenas de comprimidos e, quem sabe, um dia errar a dose. De tantos pais imperfeitos e inadequados no mundo, ela precisava apenas de um. Uma pessoa que gritasse palavras sem sentido e ofensivas quando estressada, mas que passasse a mão naqueles cabelos crespos antes de dormir. Que desse conselhos totalmente contaminados pela sua história, mas que quisesse dar conselhos. Assim ordinário mesmo. Uma referência mínima de alguém que se importasse, mesmo que superficialmente.

Encontrar chão no terreno do abandono é tarefa insana.

E os professores ensinaram que não era minha função dar o colo para meus pacientes, apenas ser um colo transitório no caminho para independência. Independência no deserto? Mas havia ela, a prepotência de uma jovem, tão ridícula quanto bonita. Depois de dias refletindo em voz alta com uma colega, pensei que uma independência financeira já a livraria do ambiente hostil da casa de sua irmã. E tínhamos diversas oficinas de formação profissional no Hospital-Dia.

Obviamente, acertamos errando. Fátima era absolutamente péssima em trabalhos manuais. O encapamento das caixinhas sem o menor critério estético rendia, sim, muitas risadas. Dela mesmo. E esse sorriso que atraiu a atenção do Roberto. Não vamos cair em uma história romantizada. Roberto começou a fazer caixinhas tortas para uma espécie de competição jocosa com ela. A risada agora era dividida. Ele era novato no Hospital-Dia. Tinha tido algumas crises psicóticas, claramente tinha esquizofrenia, mas, entre as crises, mantinha-se muito funcional do ponto de vista afetivo, apesar de um comportamento pueril, ingênuo, muito peculiar. Ele abraçava a gente no final da consulta, com um abraço de quem foi abraçado na vida.

Logo, se encontravam pelos corredores, cochichando e rindo na linguagem só deles. Os funcionários comentando, proibindo maiores contatos e torcendo ao mesmo tempo. Pareciam mais dois melhores amigos do que amantes; falei que não teríamos um grande romance.

Interessante como gostamos de histórias idealizadas nos encontros com as pessoas, os amores à primeira vista, as premonições dos amantes que, no futuro, ficam juntos para sempre, os sinais supersticiosos de que um foi feito para o outro. Esquecemos a magia e a beleza das pessoas que decidem ficar juntas, com um histórico carregado de traumas, defesas e complexos, cheios de influências familiares totalmente distintas. Os encontros comuns. Como uma afinidade pode ser valorizada diante de tanta discrepância de construção? O acreditar em condições racionais inóspitas; alguns chamam de paixão, outros, de amor. Palavras que são ridicularmente conceituadas quando, na verdade, a percepção de cada um resiste em verdade.

Roberto amava Fátima? Quem é Fátima para Roberto? Um sorriso fácil, um pano úmido na casa, um cheiro que ele gosta, a presença na sua solidão. Roberto morava com a mãe e Fátima foi a peça do canto do quebra-cabeça da casa. Recebia afeto dos dois, retribuía com ajudas e bom humor, deixando a mãe de Roberto menos atarefada e focada no filho. Tudo sobre isso sabíamos nos retornos das consultas.

Mas logo minha residência acabou. Fátima faltou à nossa última consulta. Seu jeito de se despedir não se despedindo.

Dois anos se passaram.

Um dia, retomei ao ambiente universitário para um Congresso, encontrando os novos residentes que agora passavam por toda aquela intensidade que me fez crescer tanto, os plantões de urgência em psiquiatria. Depois de amenidades, a pergunta que estava ansiosa para fazer:

— E a Fátima?

— Fátima? Que Fátima?

15

O QUE ACONTECE AGORA?

Um dia eu voei. Sem asas, sem máquina, sem qualquer recurso que não fosse o meu corpo tão leve quanto o ar. Não, eu não estava pulando de *bungee jumping*, não havia uma corda no meu pé nem uma GoPro filmando meu trajeto. Eu também não estava em queda livre. Eu voei. Por que é tão difícil acreditar no improvável? Será que somos responsáveis por condicionar o que acreditamos que pode acontecer? Descobri que acreditar na minha história me levou a conquistar uma habilidade sobre a qual não vou dar *spoilers* por hora, mas convido você para vir comigo nas próximas páginas e, ao final desta leitura, você poderá me responder. E então, o que acontece agora?

NILTON STORINO JUNIOR

Nilton Storino Junior

Graduado em Comunicação Social com ênfase em Jornalismo, tem 34 anos e é o fundador da Wayart, empresa de produção audiovisual e fotografia que nasceu em 2011 no interior paulista, São Carlos, e hoje tem seu escritório e estúdio físico localizado em São Paulo, capital. Muito antes de se encontrar em sua vida empresarial, Nilton sempre amou contar histórias, escrever, ler e, principalmente, se conectar com pessoas. Não é só mentor de empresárias e empresários que buscam se destacar em nossa era comunicacional digital, mas sempre foi o mentor dos amigos e da família, buscando proliferar alegria com pensamentos positivos, incentivar o uso da fé para vencer os desafios e visualizar os sonhos realizados.

Contatos
www.wayart.com.br
contato@wayart.com.br
WhatsApp: 11 3214 1799

Quando eu tinha uns cinco anos, eu voei, literalmente, sem asas, sem avião, ou sem qualquer recurso que não fosse meu corpo leve no ar, indo nas direções que minha mente desejava. Eu voei com o corpo livre, livre de qualquer medo ou até mesmo de qualquer ideia que poderia ir contra o que estava acontecendo. "Humanos não voam", eu não disse a mim mesmo, e permaneci indo cada vez mais alto e mais alto, o céu azul, quase sem nuvens, a cidade bem pequenina lá embaixo, o vento batia em meu rosto e eu o sentia tão leve quanto eu. Foi assim que eu voei pela primeira vez.

No dia seguinte, meu avô João me levou de mobilete – muitos de vocês nem devem ter ouvido falar dessa motinho que era como a Honda Biz da época (1995) – na Escola Contos de Fadas, onde eu fazia o "pré-primário" todas as tardes até o pôr do sol, na Vila Prado, em São Carlos, cidade do interior de São Paulo. Brinquei o dia todo com os amigos e um pouquinho antes da hora de ir embora, subi no trepa-trepa, no lugar que a maioria dos amigos tinha medo de ir, era uma grade única e isolada que ficava no topo do brinquedo e que eu sempre visitava. Dali, posicionei meu corpo para ficar em pé, e saltei. Vamos dizer que este foi o dia que eu voei pela segunda vez.

De joelhos, com as mãos apoiadas no chão, sem entender nada, levantei devagar a cabeça e comecei abrir os olhos que, por algum motivo, estavam fechados. Ao mesmo tempo que os meus olhos começaram a focar no que parecia um gotejo de líquido vermelho escuro e numa poça abaixo de mim, na qual o líquido que gotejava se concentrava, meus ouvidos ouviam os poucos amigos, que ainda não tinham ido embora naquele horário, gritar "Tia, tia, corre aqui!" – era assim que chamávamos as professoras.

Eu me lembro daquele gotejo, eu via claramente seu movimento, então virei a cabeça e olhei para cima, para ver de onde pingava. No momento seguinte, quase que instintivamente, toquei o centro da parte alta da minha testa e a minha mão molhou. Aquele líquido vermelho escuro era sangue e aquele sangue vinha de mim.

Não é possível! Como ontem eu voei e hoje não voo mais?

Meus pais foram me buscar na escola e me levaram direto para o hospital, onde tive que fechar o corte com alguns pontos. Essa parte doeu, e como! No entanto, estava muito confuso para eu entender o que estava acontecendo. Como havia perdido a minha habilidade de voar?

Hoje tenho 34 anos e sei que, quando voei pela primeira, era um sonho. Talvez um sonho lúcido ou qualquer outra classificação, não sei explicar completamente porque, de fato, foi uma sensação diferente da comum de estar sonhando, mas foi um sonho. Porém, acreditei tanto naquela experiência que, pular do trepa-trepa e não voar, foi muito frustrante e me deixou reflexivo por um bom tempo.

Ao longo da minha vida, percebi que alguns comportamentos como esse se repetiram, e não, eu não saí me jogando de lugares altos tentando "voltar a voar". O que eu notei foi como o poder de acreditar intrinsecamente em algumas coisas sempre me fizeram ter sucesso em meus objetivos.

Se eu for analisar, o que me levou a pular do trepa-trepa – e que perigo! – foi ter tido um contato prévio em uma experiência clara e real de que aquilo já havia acontecido. A sensação de que era real alimentou toda a minha segurança de que a qualquer momento eu poderia voar. Eu acreditei que podia voar.

Acreditei sem dúvida, sem medo, sem qualquer insegurança ou sentimento que pudesse influenciar minha convicção, minha certeza de que eu podia voar. No entanto, acreditar que eu podia voar com toda clareza e verdade, não me fez voar.

Isso me trouxe à reflexão de que as convicções moldam nossas atitudes em prol dos objetivos e nos leva ao limiar, mas as atitudes não controlam a concretização dos objetivos. Vamos enfrentar forças adversas, vamos nos frustrar, vamos experienciar diversas emoções, mas quando queremos atingir o limiar, precisamos acreditar.

Eu vou mais longe e agora para um exemplo que experienciei aos 32 anos, quando decidi que queria realizar o sonho de ter meu próprio estúdio fotográfico na maravilhosa e imponente Avenida Paulista, em São Paulo.

Visitei vários lugares por meses até que me conectei com a sala 33 do prédio número tal. Quando entrei para visitar essa sala, peguei meu celular e coloquei para gravar sem pausas, fui andando por cada parte daqueles vários metros quadrados e eu estava convencido de que aquele era o lugar onde eu iria estar. Tentei falar com o responsável pela locação logo após a visita, mas não foi possível, e eu salvei o contato dele no meu celular como "Apto. Paulista Opção 1".

Eu havia visitado outra opção muito parecida e quase tão boa quanto no prédio ao lado. Já com esta proprietária, consegui contato em uma ligação. Na ligação, contei que eu era do interior de São Paulo, tinha um estúdio em São Carlos e intenção de abrir outro na Avenida Paulista.

Ela me disse: "Meu bem, você tem certeza do que você está querendo? Eu acho que é muito, isso que você busca, eu não quero te desanimar, mas temos que ser pertinentes. Você está dizendo que não tem uma enorme quantia de dinheiro guardada ou para investir, e eu precisaria que você me desse pelo menos 12 meses de aluguel adiantado [...]. Eu entendo, claro, sua boa vontade, mas benzinho, você não sabe o que é pisar em um imóvel de 1 milhão e meio, não é mesmo?".

Eu vivi diversas emoções durante as falas dela, e ainda assim salvei o contato como "Apto. Paulista Opção 2". Tudo bem ela não acreditar em mim, não acreditar no meu potencial de vencer e conquistar. Apesar de hoje sermos vizinhos, eu vou continuar contando a outra parte da história.

Após a ligação com ela, antes de dormir, abri aquele vídeo que gravei sem pausas do apartamento que era a opção 1. Comecei a assistir como se entrasse novamente por aquele lugar, como se sentisse meus pés tocando novamente aquele chão, minhas mãos tocando aquelas paredes, abrindo as persianas, comecei a visualizar meu novo estúdio montado e o que seria cada canto do imóvel. Eu via com muita clareza o meu novo estúdio na Avenida Paulista. Continuei assistindo ao vídeo repetidamente por não sei quanto tempo, e já me sentia grato por estar vivenciando tudo aquilo, ter conquistado meu estúdio na Avenida Paulista. Comecei a pensar como seriam os primeiros meses e anos, a planejar a parte financeira, como eu faria para ajudar empresários e artistas com meus serviços, como estar ali me proporcionaria conhecer muito mais pessoas que as oportunidades que eu tinha no interior. Montei até um plano de ação que chamei de "um e oitocentos", e, mesmo eu tendo tomado um Red Bull de Melancia (que guardo a latinha até hoje), em algumas horas, de tanto pensar, acabei pegando no sono.

No dia seguinte – eu não costumo acordar cedo, mas naquele dia eu acordei – vi novamente o vídeo por algumas vezes antes de sair da cama, sentindo realmente que havia conquistado o sonho de ter meu próprio estúdio na Avenida Paulista. Algum tempo depois, ainda na cama, alterei o endereço de todas as páginas e redes sociais do meu estúdio de São Carlos para Avenida Paulista, número tal, sala 33, terceiro andar. Por um segundo, tive um pouco de receio de estar fazendo algo errado, mas não tive nenhuma má intenção, eu realmente sentia que já estava vivendo tudo aquilo. É até difícil explicar, mas a convicção era completa. Eu, de verdade, acreditava no que eu estava vivendo.

Saí da cama quando consegui ser atendido pelo proprietário ainda de manhã, e agendamos para o mesmo dia de nos encontrarmos no imóvel para que ele pudesse me apresentar o lugar com mais clareza.

Minha vida nesta fase era dividida em passar parte do tempo em São Paulo e parte do tempo em São Carlos, indo e voltando de ônibus, isso porque eu tinha clientes nas duas cidades. Enquanto ainda não tinha nada definitivo na capital, morei de favor na casa de um amigo no Tucuruvi, e outros dias em hotéis baratinhos.

Vesti um jeans, uma camiseta e falei "amigo, finalmente nasce a nova Wayart na Avenida Paulista". Bruno já me conhecia bem desde a adolescência, eu já tinha falado muito com ele sobre esse hábito que eu tenho de viver as conquistas antes de acontecerem do "jeito normal"; e quando eu saí dali, ele também compactuava da minha convicção. Fui, então, ao encontro da sala 33.

O Sr. Rubens, proprietário do imóvel, me recebeu por volta das 14h na portaria e subimos para o terceiro andar, onde estava o 33. Ele me apresentou o imóvel com todo carinho, parte por parte, contou que havia passado por uma reforma recente e, que a última empresa instalada ali, ficou por algo em torno de um ano e precisou se mudar.

O detalhe é que estávamos em meio à maior pandemia da atualidade e uma das mais devastadoras da história. O ano era 2021 e quase todas as pessoas para as quais eu contava que estava prestes a alugar um imóvel na Avenida Paulista riam ou me repreendiam: "Como você vai conseguir dinheiro para manter um negócio em um lugar desses? A economia está quebrada!".

Eu não posso dizer que não tenho medo de nada, mas como me disse esses dias a Ana Cláudia, minha professora de inglês: "Você não tem problemas em correr riscos", e acredito que seja isso mesmo, eu sempre evitei limitar minhas possibilidades. Se isso é bom ou ruim? É tão limitado ter só duas opções sobre uma escolha tão poderosa.

"Este lugar atende ao que você precisa?" – perguntou o Sr. Rubens.

"Muito! É o lugar ideal para tudo que eu preciso" – respondi, tentando me conter em dizer que estar ali era a realização de um sonho. A gente estava olhando pela janela nesse momento, e dali dava para ver toda a Avenida Paulista.

"Fico muito feliz que você gostou daqui. Se você quer muito, então já deu certo" – quando ele disse isso, eu realmente fui parar em outra dimensão, meu coração aqueceu, as pernas amoleceram, era uma mistura de emoções tão complexa que eu demorei alguns segundos para conseguir reagir e agradecer.

"Obrigado, Sr. Rubens, é muito bom ouvir isso, eu quero muito que dê certo."

"Já deu certo" – ele repetiu.

O Sr. Rubens não pediu sequer um extrato bancário, ele combinou comigo um depósito no valor de 3 aluguéis para caução e disse que, caindo o valor, eu já poderia ficar com as chaves. Ele me entregou as chaves antes de eu assinar o contrato, acreditou em mim com tanta verdade, com tanta força, e eu gostaria de ter tido mais tempo para agradecer mais a ele pelo tamanho carinho e conexão que foram estabelecidos naquele dia.

Sr. Rubens partiu quando eu estava para completar 2 anos no imóvel. Quando os familiares dele foram até o local para alinhar as questões da locação, o neto Rafael revelou: "O vovô era assim, ele estava muito à frente do tempo e das coisas, ele com certeza viu algo em você, por algum motivo ele tinha clareza de que este lugar deveria te pertencer, ele sabia que você cuidaria bem daqui, então quando chegou em casa ele disse: 'Já entreguei as chaves para o menino, não precisa de contrato, já está tudo certo'. 'Mas vô, o que a gente faz com aquele outro rapaz que já até mandou documentação, eu tinha deixado tudo praticamente confirmado com ele, o que eu falo?'. 'Fala que já foi alugado'".

Havia na minha frente, aguardando pela locação, não só uma, mas pelo menos 3 pessoas.

Sr. Rubens havia deixado claro, mas só depois eu fui entender, não por duvidar, mas porque a gente entra em um estado de tanta emoção quando as coisas dão certo, que fica difícil processar: "Já deu certo" – ele repetiu.

Mesmo eu já estando com as chaves, fizemos um contrato por protocolo. No cartório, fiquei sem graça por ter agradecido a ele pelo menos umas 6 vezes – minha vontade era ainda maior. Por algum motivo, as minhas intenções se alinharam ao que ele esperava de um inquilino para seu imóvel. Para ele, era uma locação e tinha todo o contexto de sua preocupação com o bem do lugar; para mim, era atravessar todas as impossibilidades e realizar um sonho.

Eu contei à família dele o quanto desejei estar ali, o quanto aquilo significava para mim, e contei: "Coloquei o endereço de vocês nas minhas redes até antes da locação". Todos rimos – ufa.

Compartilhei com você dois momentos: um do meu extremo passado e outro do meu tão próximo presente. Ambos se caracterizam por o quanto acreditar me envolveu em situações que me levaram a alcançar meus objetivos. A segunda situação me levou à realização. No entanto, a primeira gerou algo que eu descobri ter nome de "dissonância cognitiva". A dissonância cognitiva ocorre quando uma pessoa experimenta um desconforto psicológico devido a uma discrepância entre suas crenças, atitudes ou expectativas e a realidade ou resultado obtido.

No contexto em que uma pessoa alcança seu objetivo, mas não obtém o resultado esperado, pode ocorrer dissonância cognitiva porque há uma contradição entre o esforço investido, a expectativa de sucesso e o resultado real. Isso pode levar a sentimentos de frustração, confusão e desconforto emocional, já que a pessoa precisa reconciliar a discrepância entre o que esperava e o que realmente ocorreu.

A teoria da dissonância cognitiva sugere que as pessoas buscam reduzir esse desconforto ajustando suas crenças, atitudes ou percepções para torná-las mais consistentes com a situação real.

Eu amo olhar para a minha história, sempre tive muita facilidade para justificar meus insucessos, e criava formas de lidar com eles a fim de nunca perder. Eu sempre me senti imbatível e achava que essa certeza duraria para sempre, mas um dia eu experienciei o maior desafio da minha vida: um combo de depressão, síndrome do pânico e crises de ansiedade, com inúmeros episódios diários em um momento em que quase ninguém falava sobre isso, pelo menos não em meu círculo social em 2016.

Esse momento me fez acreditar no completo inverso de tudo em que eu tinha plena convicção até ali. "Eu posso me curar um dia, mas nunca mais vou conseguir dar uma gargalhada de novo..." – pensava – "acabou a sensação mais genuína que eu conservei até ali, a invencibilidade". Sobre essa etapa, nesse momento, eu apenas compartilho com vocês que passou. Se tornou mais uma história que um dia eu vou poder contar. Eu havia passado por um tratamento e, mesmo depois de concluído, depois de não precisar mais de remédio, o medo me fazia levar remédio na carteira, afinal. Certo dia, tomando banho, eu de repente decidi que não iria nunca mais precisar de remédio para ansiedade. "Eu não aceito mais isso na minha vida, eu estou curado". E nunca mais, por mais gostoso que fosse aquele comprimido de Clonazepam, ele teve acesso aos meus dias.

Acreditar se tornou em mim uma habilidade poderosa – com certeza também arriscada – que deve estar cada vez mais solidificada em responsabilidade para que se converta na realização de sonhos e objetivos.

Quando falo sobre responsabilidade, não é porque eu mudaria uma ou outra atitude que tive nas buscas por meus objetivos, mas porque hoje tenho conhecimento de que é possível aplicar ações mais seguras, planejadas, avaliadas e menos impulsivas. Saber entender os limites das nossas buscas, avaliar nossos anseios e ter cada vez mais intimidade consigo mesmo é indispensável para buscar por realizações sem ferir o próximo, sem pegar o que não te pertence, sem se deixar levar pela ganância, pelo vício, pela compulsão, pela obsessão e outros ativadores tóxicos e perigosos para si e para os outros. Quanto maior o autoconhecimento, maior clareza é conquistada sobre o que você acredita, como lida com o que acredita e como suas crenças te direcionam e condicionam para o alcance de seus objetivos.

Podemos, então, influenciar nossos próprios pensamentos por meio de estratégias cognitivas, emocionais e comportamentais. Embora nem todas as estratégias sejam igualmente eficazes para todos, essa compreensão nos dá ferramentas para cultivar pensamentos mais positivos, saudáveis e construtivos. Sobretudo, isso só vai fazer sentido se você acreditar. E então, o que acontece agora?

16

NAVEGANDO NA CONSCIÊNCIA

RUMO À EXPANSÃO INTERIOR E À RECONEXÃO COM O EU SUPERIOR

A importância dos princípios metafísicos na jornada de reconexão interior e expansão da consciência é destacada neste texto sobre a Terapia Quântica Aplicada – TQA®. A autora compartilha sua jornada pessoal de autoconhecimento, ressaltando a importância de elevar a vibração, neutralizar o ego e se conectar ao propósito de vida para alcançar a plenitude espiritual. Destaca, ainda, que a jornada espiritual é apresentada como um processo desafiador, porém essencial para o crescimento do espírito e da cura da alma.

PATRÍCIA ANGÉLICA R. DE OLIVEIRA

Patrícia Angélica R. de Oliveira

Graduada em Administração em Turismo e Hotelaria pela Faculdade Padrão, pós-graduada com MBA em Gestão de Marketing pela IPOG. Radialista, apresentadora de TV e terapeuta holística com formação em Anahata Reiki, Karuna Reiki, ThetaHealing pelo Instituto Knowledge, consteladora sistêmica e familiar com visão quântica pelo Instituto Sattwa, Cabala pelo método Mariana Madureira, radiestesia com visão quântica. Uma das fundadoras do Instituto TQA Brasil de Desenvolvimento Humano e, também, cocriadora de um método próprio de terapia holística, a Terapia Quântica Aplicada.

Contatos
terapiaquanticaaplicada.com
suporte@institutotqabrasil.com
Instagram: @tqabrasil
@patriciade_olliveira
62 99611 3141

Qual a relevância dos princípios metafísicos na jornada de reconexão interior e expansão da consciência?

Trouxe o questionamento acima como ponto de partida para um diálogo com você, leitora, leitor, pois uma das perguntas que mais recebo atualmente está relacionada ao diferencial e à alta taxa de resultados efetivos da Terapia Quântica Aplicada – TQA® em relação a outras terapias energéticas. No entanto, a partir dos estudos e atendimentos realizados por mim nos últimos anos, observo que se faz necessário refletir sobre o movimento coerente da alma em busca de uma versão melhor de si; o que é tão importante quanto a validação dos resultados eficazes que a TQA apresenta aos partilhantes.

Ressalto que a técnica não será exposta aqui, pois já foi realizada com maestria pelo cocriador da TQA, Érik David (1967-2021), em seu livro *Despertar! Destravar! Saltar!!!*. Como a minha trajetória de vida está impressa no DNA da Terapia Quântica Aplicada desde seu nascimento, a ideia é apresentar reflexões sobre os princípios metafísicos indispensáveis para a compreensão da esfera sutil na jornada da alma aqui na terceira dimensão. Junto às considerações, a leitora ou leitor encontrará algumas passagens importantes da minha vida para ilustrar e, quem sabe, contribuir com a sua caminhada de expansão da consciência.

Enquanto método e abordagem terapêutica, a TQA teve seu início a partir de um movimento de amor genuíno, em um momento desafiador que lidei na minha vida pessoal. Ao firmar um compromisso com o Criador de dedicar meu tempo e conhecimento em *reiki* para auxiliar pessoas em sofrimento, a vibração de amor incondicional alinhou-se ao propósito da minha alma. O que se desenvolveu a partir daí, os trabalhos e estudos conjuntos com Érik David e João Bosco Gouthier formaram a base necessária para o desenvolvimento de uma abordagem terapêutica própria, fundamentada empiricamente nos estudos da mecânica quântica.

Para realizar este percurso de pensamento, é importante o entendimento de alguns conceitos-chave que encontrará ao longo do texto.

Qual o significado de metafísica, mecânica quântica, vibração e frequência?

Metafísica é um termo usado de forma frequente no contexto das terapias energéticas. O significado que adotamos aqui refere-se a uma área do conhecimento que estuda os fenômenos que fogem do universo, das questões e percepções físicas; estão ligados ao espírito, à religião e à metafísica. É a abordagem da física que se debruça nas questões para as quais a física clássica não encontra respostas razoáveis. Assim, tudo que está além do plano da matéria, está no campo de estudo da metafísica.

À luz do que nos trouxe David (2019), mecânica quântica é uma área do conhecimento que nasceu a partir do estudo do comportamento das partículas subatômicas. Nesse contexto, a definição mais assertiva de quântica refere-se ao estudo das partículas subatômicas e seu comportamento dual, sendo ora matéria – partícula, ora onda eletromagnética ao mesmo tempo.

O entendimento de que há uma realidade muito além do que nosso sistema sensorial (visão, audição, olfato, paladar e tato) está preparado para assimilar é a base para a aplicação dos conceitos da mecânica quântica e sua correlação com o ser humano, em especial a consciência humana. Ou seja, partimos da concepção de que somos seres vibracionais, formados por conjuntos de átomos, moléculas, milhares e milhares delas. Somos constituídos por inúmeras moléculas que vibram, pois os átomos vibram. Se é uma vibração, estamos falando de uma onda de informação, uma frequência vibracional, ressoando por todo o universo.

E para entender a relação entre emoção e vibração, Stone destaca a existência de apenas duas emoções: o amor e o medo, todas as demais são derivadas delas. Para o autor, "o medo provém do ego, o amor provém do espírito" (Stone, 2006, p.45). Desse modo, há o grupo de sentimentos de alta vibração pertencentes à esfera do amor; no grupo do medo, os sentimentos de baixa vibração; e se é vibração, há ressonância com o universo.

De acordo com Hawkins, tudo no universo irradia uma frequência específica ou um campo de energia que fica impresso de forma permanente no campo da consciência. Para o autor, "a mente humana individual é como um terminal de computador conectado a um banco de dados gigante" (Hawkins, 2019). Sinônimo de consciência coletiva humana, esse banco de dados extrapola tempo e espaço. Ou seja, qualquer pensamento, sentimento ou atitude fica registrado e pode ser acessado a qualquer momento, seja no presente, passado ou futuro.

Para que uma imagem mental seja formada a este respeito, imagine que nós, seres humanos, funcionamos como uma estação de rádio que emite uma assinatura frequencial específica em seu campo energético. Você consegue sintonizá-la ao captar esta frequência específica. Ao transportar essa imagem para a consciência humana, ao elevar a sua vibração e mantê- la, você dá os seus saltos quânticos e as coisas começam a acontecer na sua vida.

Faz-se necessário detalhar melhor o processo de saltos quânticos face à vida do ser humano. Eles acontecem pois, ao excitar seus elétrons, estes saem de um determinado estado energético e deslocam-se para outra frequência mais elevada, saltando de um orbital a outro. Em comparação com a consciência humana, as travas, bloqueios e crenças limitantes geram ruído e impedem que sintonize uma estação de rádio com uma assinatura energética elevada. Quando as travas são localizadas e ressignificadas, o bloqueio energético é destravado e a energia represada volta a fluir com leveza, porque esse é o movimento natural do universo.

Logo, quanto mais elevada sua frequência, de forma consciente e sustentável, maior sua capacidade de cocriação, também de forma consistente e sustentável, aqui na terceira dimensão, em qualquer área da sua vida. Por isso a mudança do seu padrão mental, emocional e comportamental se faz tão necessária.

A jornada interior

Nasci em uma família de cinco irmãos e, durante a infância, a maior preocupação dos meus pais comigo foi a sensibilidade de enxergar e conversar com espíritos. No desejo de me auxiliar, minha mãe e tia foram atrás das religiões, como a umbanda e o kardecismo. Em minha programação energética, nesta janela existencial aqui no planeta Terra, como Patrícia Angélica, a clarividência foi uma habilidade que se manifestou ainda na infância. Na época, minha família não tinha conhecimento nem acesso aos estudos como temos atualmente.

Em minha perspectiva infantil, não conseguia diferenciar o que integrava esta realidade – a terceira dimensão –, logo tida como verdade, das dimensões mais sutis, e o que era criação da minha mente. Sem orientação e com pouco conhecimento sobre a temática, ainda não tinha capacidade cognitiva desenvolvida para compreender minhas experiências com a dimensão espiritual. O receio de ficar conhecida como a "criança estranha" tornou-se uma motivação importante para minha tia iniciar seus estudos na doutrina espírita e me orientar. Esta mesma tia, com sua dedicação a mim, desempenhou um papel crucial na minha vida adulta, em especial para que fosse conduzida ao caminho necessário de alinhamento às circunstâncias ideais para a compilação da Terapia Quântica Aplicada.

Nesse primeiro despertar ainda na infância, destaco que o aprendizado mais importante foi a sabedoria de que a vida é do espírito. Nós somos um programa da Criação, e tudo tem uma ordem perfeita para se alinhar a essa programação. Este, talvez, seja o entendimento mais importante em nossa jornada da alma. A expressão: "nascemos para dar certo" cabe aqui, pois nossa alma se comprometeu a evoluir ao acoplar a nossa consciência atual à família, que foi portal para sua passagem nesta dimensão terrena. Portanto, nós nascemos com as condições internas perfeitas para alinharmo-nos com o que está certo dentro do programa do Criador para nós.

Outro princípio metafísico significativo é o de que não existem coincidências no universo; o que ocorre é o alinhamento energético, seja de frequência de maior ou menor densidade. Ou seja, à medida que procuro o autoconhecimento e me conecto com uma melhor versão de mim, vou me alinhando energeticamente a esta missão. A minha centelha divina indica sempre o caminho para o desenvolvimento de meu potencial máximo; assim sendo, preciso me reconectar com meu Eu Superior. Quanto mais elevo a minha vibração e neutralizo o meu ego, mais me aproximo do que está proposto para mim.

Outra questão que recebemos continuamente no Instituto de Desenvolvimento Humano e Escola de Terapeutas TQA é: "Como saber qual é a minha missão de vida?"; "Como reconhecer se já estou conectada ao propósito que minha alma aceitou cumprir antes de nascer nesta vida atual?". Ao pensar sobre estas perguntas, é natural refletirmos em alcançar a prosperidade financeira, conquistar uma carreira de sucesso, formar uma família e, para muitas pessoas, a ideia de também ter filhos. Para mim não foi diferente, tive todos esses desejos e mais alguns.

Após anos de estudo, autodesenvolvimento e trabalho com a terapia quântica aplicada, reconheço hoje os processos de cada cocriação na minha vida, seja nas áreas profissional, financeira, saúde, pessoal e de relacionamentos. Sempre fui agraciada nas diferentes áreas da vida em que decidi investir, em particular na pessoal, viver o grande amor da minha vida, encontrar minha alma gêmea mais compatível.

Foi pela da minha vibração elevada e de minha disponibilidade de ajudar sem olhar a quem, que pude sentir o amor verdadeiro, e tive a oportunidade de me conectar a uma alma que tinha objetivos e propósitos comuns aos meus. Refiro-me ao Érik David, que foi meu parceiro na compilação da terapia quântica aplicada, um grande amigo, foi doador de material genético para a concepção de nossa filha, e tornou-se meu companheiro de vida, até sua passagem deste plano. É comum referir-me a ele no presente, pois a consciência dele ainda vive, e agora nos encontramos em planos existenciais diferentes.

Em minha trajetória, ao me alinhar à minha missão, se tornou possível a estruturação da terapia quântica aplicada. Ao difundir essa bagagem teórica e a aplicação prática da TQA, possibilitamos que indivíduos, em qualquer lugar do mundo, possam identificar suas limitações, transmutarem-nas e, assim, alcançarem uma vida de plenitude, harmonia e crescimento espiritual, de maneira terapêutica e eficiente.

E mais, para que a TQA se materializasse, havia muitas pessoas e situações que dependiam da minha decisão, do meu livre-arbítrio, de me envolver com esse propósito. Hoje, ao olhar para as milhares de pessoas que já se conectaram com a TQA, para as que ainda vão se conectar, multiplicar estes ensinamentos e auxiliar a humanidade, a Despertar, Destravar e Saltar, tenho cada vez mais certeza de que "faço jus à minha experiência de vida", dia após dia. Mas essa é uma história que será contada em um futuro próximo a partir da minha própria história.

Conectar-se à sua melhor versão é um percurso, uma jornada não linear, e em momentos que exigem mudanças e compromissos, ela se torna dolorida. Damos passos pequeninos para obter resultados impressionantes lá na frente. Estamos aqui neste planeta escola e planeta hospital para que possamos aprender com as experiências e evoluir como espíritos; também curar as dores de nossas almas, pois é neste planeta que se abre o portal da evolução do Espírito.

Há excelentes caminhos diferentes para trilhar a jornada do autodesenvolvimento e evolução do espírito; a TQA apresenta-se como uma possibilidade com suas particularidades entre tantos caminhos efetivos, e não se propõe a esgotar-se em si mesma. Seguimos nossos estudos e novos questionamentos nos impulsionam a utilizar também a projeção astral, a lei do tempo, o *sound healing*, como instrumentos complementares ao materializar nossa missão enquanto Instituição em movimento com o fluxo da vida.

Nós, seres humanos, somos um emaranhado de energia condensada e experienciamos a dualidade em nossa jornada terrestre, ora como matéria, ora como onda. E isso é de uma beleza indescritível da experiência de unidade com o Criador; precisa ser vivida com as mentes e os corações abertos à desconstrução e reconstrução de valores, crenças e padrões que nos moldam há milênios. É justamente esta questão que torna a coerência entre pensamento, sentimento e atitude tão necessária e urgente à ampliação de consciência, de elevação vibracional e de poder de cocriação pessoal. Reafirmo que não há um só caminho, uma só forma, uma só verdade, mas sabedorias profundas que convergem em princípios universais de funcionamento do universo para nosso aprendizado e o retorno quando deixarmos essa dimensão e viver a verdadeira vida, a do espírito. Você está pronta, pronto, para viver a jornada do espírito?

Referências

DAVID, É. S. *Quântica para todos. Goiânia (GO): Instituto de Desenvolvimento Humano TQA Brasil*, 2018 (curso gravado e disponível on-line).

DAVID, É. S. *Despertar! Destravar! Saltar!!!*. São Paulo: Literare Books International, 2023.

HAWKIINS, D. R. *Poder vs. força: os determinantes ocultos do comportamento humano*. Tradução Danele Esprega, Caio Ledesma, Lucas Esprega. 1. ed. Barueri, SP: Pandora Treinamentos, 2019.

STONE, J. D. *Psicologia da alma – chaves para a ascensão.* Tradução Eduardo Pereira e Ferreira – revisão técnica Nilo Arnaldo Beck. São Paulo: Pensamento, 2006.

17

E DEUS FEZ O UNIVERSO COM UMA HISTÓRIA

A mais emocionante e influenciadora das histórias tem atravessado a caminhada da humanidade com o Poder divino da criação. Pois é! Deus decidiu criar tudo e organizar o mundo e todas as coisas, oportunizando-nos uma reflexão desde o princípio de toda Sua criação. Em Gênesis, está o início dessa poderosa história que contém narrativas que despertam o desejo de acompanhar e estar perto de Jesus, histórias que asseguram conforto e bem-estar e, o mais importante, a conquista da paz com Deus. O poder dessa história, construída ao longo do tempo, com início, meio e a caminhada até o final dos tempos, vem nos mostrar a importância da narrativa consistente, encadeada no relato dos fatos, fazendo uso de palavras fortes, que atingem a psiquê e o consciente religioso do crente, palavras que atingem a sensibilidade e o coração. Observamos o poder das histórias sagradas, em particular, nos comportamentos do cotidiano, nas condutas, hábitos, valores morais e culturais, na organização da vida das pessoas e suas condutas. E assim, seguindo e passeando pela literatura, constatamos o grande poder de uma história quando sua narrativa é bem posta, com enredo e formulações adequadas para o objetivo a que se propõe. A Língua Portuguesa é movimento e a história, bem narrada, tem o poder de atingir o que buscamos, no momento: minimizar ou evitar sensibilidades.

PEDRO LUIZ DIAS

Pedro Luiz Dias

Teólogo, professor e especialista em comunicação. Trabalhou como gerente de relações públicas na GM de São José dos Campos, *sênior communications advisor* da GM Company, Detroit, MI.,USA. Foi executivo no Escritório de Assuntos Governamentais e Imprensa da GM em Brasília, DF. Atua como administrador de agronegócio na Fazenda Santa Ana. Cofundador do Instituto Cultural e Filantrópico da General Motors do Brasil. Foi diretor de comunicação corporativa (relações públicas, relações com a imprensa, governo e empresas) na GM, em São Caetano. Lecionou para universitários graduandos e pós-graduandos nas Universidades Metodista de São Bernardo do Campo, UNITAU, em Taubaté, e Anhembi-Morumbi, em São Paulo. Atualmente, é membro eleito do Conselho Deliberativo da PREVI-GM e da Academia Marial, em Aparecida.

Contato
peterdaias@icloud.com

Chovia. Há dias que chovia.

A Defesa Civil já afirmava que a previsão estava cravada em muita chuva. Chovia muito.

Era o tempo da festa religiosa cristã chamada Quaresma. Igualmente, tempo de muitas reflexões, seguidas de muitas e longas penitências. Quaresma e chuva proporcionam esse clima: entre agradável e de recolhimento.

Imagina-se como poderia ter sido o começo da história do mundo quando Deus decidiu criar tudo e organizar o tempo, suas mudanças climáticas e as oportunidades para reflexão do princípio de todas as coisas.

Em Gênesis, Deus, segundo os Livros Antigos, as narrativas inspiradas de muitos autores revelam como foi o começo dessa poderosa história que atravessa séculos e tem a missão divina de continuar até o final dos tempos.

Tudo pode e deve começar com uma boa história. Claro, tudo dependerá do objetivo da história. Pode ser breve, pode ser longa, simples e até complexa. O segredo estará na estrutura, no encadeamento de cada passo dos fatos ou das premissas que estiverem no conteúdo.

A narrativa de criação do mundo reúne todos esses ingredientes de contação de história:

"No princípio, era o Verbo, e o Verbo estava com Deus, e o Verbo era Deus. Ele estava no princípio com Deus". (Jo 1, 1-2).

O universo começou com uma ótima história. E uma história construída paulatinamente e de modo a compor toda uma ideia.

No Livro das Tradições, em Gênesis, o poder da construção de uma história se apresenta, com ênfase, em cada momento dos fatos que constam ali, até o momento da criação dos seres humanos, à imagem e semelhança divina.

Com palavras, o Criador, além de demonstrar seu poder, colocou poder nas palavras. Há, na história da criação do mundo, uma lógica narrativa bastante intrigante, o que tem resultado, ao longo dos séculos, na influência que tais palavras criaram na psiquê e no consciente religioso dos crentes.

A estruturação dessa história, aceita como inspirada pelo Criador, se consolidou, principalmente, porque mantém consistência na forma e no conteúdo. Uma saga completa que tem adicionado elementos que estimulam a curiosidade pelo segredo e admiração pelo Sagrado.

Os Livros Sagrados demonstram o poder que as histórias narradas trazem por despertar o desejo e assegurar conforto, bem-estar e, mais importante ainda, a paz com Deus.

O poder das histórias, em particular as de caráter religioso, se verifica nas condutas, nos hábitos e nos valores morais, culturais que os crentes assimilam para organizar e reger suas respectivas condutas.

O mesmo se constata na literatura de autoajuda que narra histórias de superações e transformações nos estilos de vida dos leitores. A forma didática como são estruturadas geram ganhos de experiências, que de tão fortes impactam a vida rotineira de milhões de pessoas.

Por outro lado, as histórias nas literaturas infantis têm o poder de alargar o imaginário dos pequenos leitores. E, se divertidas e atraentes, os transformam em fiéis seguidores.

Os tempos que correm são de descobertas das "narrativas". Mais que um modismo, um verniz de cultura. Quem tem a mais, mais, mais... verdadeira ou falsa?

É fato sabido que, vez e outra também, algumas palavras ganham o gosto do público e passam a frequentar, freneticamente, os diálogos e reuniões e entrevistas de jornalistas.

Seja pela sonoridade, seja por aparentar alguma cultura, palavras que entram "na moda" acabam sendo deturpadas com o intenso uso e ficam, até mesmo, fora de seu contexto semântico.

"Imagina!!!" é uma dessas que passou a substituir o "de nada", ou "não por isto", ao responder a um agradecimento.

Mas vamos lá! A palavra do momento é: narrativa!

Cada um conta a sua história, a constrói do jeito que mais lhe convém, também não importa o como, pois recebe a chancela de pura verdade: "é a minha narrativa".

Nota-se que o uso mais frequente está nas esferas do cotidiano político e ganha, por influência, as histórias das ruas, com fortes conotações de "estou dizendo a verdade", quando o caso não requer, necessariamente, tanta veemência.

Segundo o ChatGPT: "Narrativas se referem a histórias ou relatos que descrevem uma série de eventos, experiências ou acontecimentos, geralmente em uma sequência lógica e coerente. Essas histórias podem ser ficcionais ou baseadas em eventos reais e são, frequentemente, usadas para transmitir informações, ideias, entreter ou educar. As narrativas podem assumir várias formas como contos, romances, filmes, peças teatrais, mitos, lendas, entre outros. Elas desempenham um papel importante na comunicação humana, ajudando a moldar a compreensão do mundo e das experiências individuais e coletivas".

E aqui está o âmago do poder de uma história: sua construção, sua motivação, sua formatação e sua estratégia de proposição. Um conjunto de técnicas e habilidades são adicionadas para que a história narrada tenha impacto, modifique comportamentos, ganhe aderência com um mínimo de resistência.

Mas, afinal, o que são as narrativas? Quais ou qual seu principal objetivo?

Uma sugestão de explicação se encontra no escritor e filósofo Paulo Ricouer para quem "...o tempo torna-se tempo humano na medida em que está articulado de modo narrativo, e a narrativa alcança sua significação plenária quando se torna uma condição da existência temporal". (Ricouer, 2011, p. 93)

Uma "boa" história reúne ingredientes que instigam a curiosidade do saber mais, o se identificar com o ambiente ou enredo que se descortina diante dos olhos.

Na trilogia *O tempo e o vento*, de Érico Veríssimo, é possível "ouvir" os passos dos personagens no casarão. É até possível "imaginar" o minuano soprando no rosto. Ou até mesmo "sentir" o tropel dos cavalos dos maragatos e dos chimangos cercando a praça.

O poder de uma história se observa nessa riqueza de detalhes que permitem "criar" uma experiência sensorial.

Além do aspecto experimental, se desenvolve a capacidade intelectiva, reflexiva e comparativa. Esse processo deve culminar na ação decidida pelo leitor, ouvinte ou expectador.

As narrativas corporativas, por exemplo, buscam esse intento de influir e convencer times de trabalhos, legiões de trabalhadores e colaboradores a caminharem e agirem em prol de um interesse comum, coletivo.

Os conceitos, trazidos ao longo dos tempos, introduzem novas palavras visando à aproximação e ao envolvimento que sustentem uma posição, abraçando uma causa por intermédio de uma história, de uma narrativa.

É o caso do momento da tentativa eufemística entre os conceitos de trabalhadores e colaboradores. Ou empregados e funcionários.

Para algumas pessoas, termos antigos são colocados em desuso por uma questão de "politicamente correto" melhorar a referência a uma função, em respeito a uma pessoa ou grupo de pessoas.

Obviamente, não é o caso e momento de se abrir debates sobre isso nesta narrativa, mas apenas ressaltar que os tempos buscam inovações nos costumes, em particular, com a intenção de minimizar ou evitar sensibilidades.

Referências

OPENAI. (2024). ChatGPT (versão 4) [Modelo de linguagem]. Recuperado de https://www.openai.com/chatgpt

RICOUER, P. *Tempo e narrativa: vol.* 1: a intriga e a narrativa histórica. São Paulo: WMF Martins Fontes, 2011.

18

ESTAR NO LUGAR CERTO, NA HORA CERTA, E ESTAR PREPARADO PODE DEFINIR A SUA VIDA PROFISSIONAL

Na minha vida, lecionei matemática em dois lugares: no Curso Preciso de Madureza por 4 anos, e no Curso Anglo Vestibulares por 43 anos. Nos dois casos, tudo aconteceu por estar no lugar certo, na hora certa e estar preparado. Incrível, não é? E é sobre isso que discorrerei neste capítulo. No título deste capítulo, afirmo que esses fatores podem definir a sua vida profissional. O sucesso dependerá de outros fatores, e o principal deles será você.

ROBERTO JAMAL

Roberto Jamal

É engenheiro civil formado pela POLI/USP. Possui licenciatura e bacharelado em Matemática, além de ser mestre em Educação Matemática pela PUC-SP. Foi professor de Matemática no Curso Anglo Vestibulares, em São Paulo, de 1976 a 2018, e um dos autores do material didático do Sistema Anglo de Ensino.

Contato
robertojamal@uol.com.br

Eu tenho a impressão de que, desde criança eu queria ser engenheiro mecânico. Tudo começou assim: eu tinha de 12 para 13 anos quando a tia de um vizinho amigo havia trazido da Europa dois carrinhos de brinquedo, um para ele e outro para o seu irmão. Eram carrinhos para brincar com a mão, como esses que vemos em prateleiras de lojas de brinquedos. Acontece que eram carrinhos diferenciados pois tinham direção (volante), fazendo com que os carrinhos andassem como carros de verdade, ou seja, para a direita, para a esquerda, e dava para fazer baliza. Ainda hoje, tenho a certeza de que eles seriam diferenciados.

Para aqueles que não entenderam o que eu disse, é o seguinte: os carrinhos que, geralmente são feitos de plástico, têm as rodas dianteiras fixas como as rodas traseiras, sem poderem mudar sua direção. Para mudarmos a direção do carrinho, temos que girá-lo com a mão. Existem carrinhos em que as rodas viram um pouquinho para a esquerda e para a direita, mas não se comparam com aqueles. Aqueles carrinhos me impressionaram muito, pois me faziam pensar de que jeito o volante interagia com as rodas dianteiras, fazendo-as mudar de direção.

A partir daí, eu ficava olhando embaixo da dianteira dos carros mais comuns da época, como Chevrolet, Ford etc., para saber de que jeito a barra da direção fazia essa conexão. Mas não dava para ver. Daí, eu comecei a me interessar pelo funcionamento da suspenção dianteira, pois a traseira era mais simples. De fato, a suspensão dianteira, além de as rodas terem de mudar de direção, há o problema de elas se deslocarem na vertical para poderem amortizar os choques por meio dos molejos e amortecedores. De qualquer forma, daquele tempo até hoje, eu faço carrinhos com estruturas de arame, com direção e amortecedores, sendo aperfeiçoados cada vez mais. É claro que existem "erros de projeto" que até hoje não superei pois nunca conversei com um engenheiro automobilístico para tirar determinadas dúvidas. Mas é muito divertido e gratificante.

Bem, eu teria mais coisas para falar relacionadas à engenharia mecânica, dúvidas que tenho desde que eu era adolescente. Aliás, como disse logo no início, desde criança queria ser engenheiro mecânico, mas acabei optando por **engenharia civil** e gostei muito. No entanto, nunca trabalhei como engenheiro e, **mais adiante, você verá o porquê.**

Esculturas em giz

Outra coisa que eu fazia quando adolescente eram esculturas em giz. Pois bem, eu pegava um pedaço de giz e, com um alfinete, ia esculpindo o busto de um artista ou de outra pessoa bastante conhecida. Bastava para isso eu ter uma foto de frente e outra de perfil, o que era fácil de obtê-las por meio de revistas. A última que eu estava esculpindo era a do John Lennon que, quando já estava bastante parecida com ele, em certo momento, devido à sua fragilidade, se quebrou. De lá para cá, nunca mais fiz esculturas, e não tenho nenhuma guardada comigo já que as dava para o primeiro que me pedisse.

Agora que eu falei um pouco de algumas aptidões minhas, **vejamos como iniciei minha vida profissional e como tudo foi acontecendo**. Para isso, você precisa saber o que foi o Madureza.

O Madureza

O Madureza foi um curso criado pelo Governo para jovens e adultos que haviam deixado de estudar e, sendo assim, foi uma grande oportunidade para esse retorno. Havia o Madureza para o Ginásio (hoje Fundamental) e para o Colégio (hoje Ensino Médio). E o bom de tudo isso é que o tempo era reduzido em relação aos cursos normais. E, assim, abriram-se vários cursos livres preparatórios para os Exames de Madureza da mesma forma como existem os cursinhos preparatórios para os vestibulares. Agora, vamos começar.

Professor de matemática num curso de Madureza

Quando entrei na engenharia da Poli (Escola Politécnica da USP), queria dar aulas para me manter, também para me realizar ensinando matemática. Não demorou, pois no mês de abril eu vi, em um jornal, um anúncio de um curso de Madureza (Curso Preciso) em busca de um professor de matemática. Fui até lá, preenchi um formulário e eles marcaram um dia e horário para uma aula teste. Os candidatos eram vários, alguns já haviam feito o teste, e outros, assim como eu, ainda iriam fazer. A vaga era uma só.

Estava no lugar certo, na hora certa, e aproveitei a "oportunidade"

Agora, foi legal. Na aula teste, ocorreu um fato muito curioso que, mesmo sem ter experiência alguma, mas com espírito de professor, eu tive uma **atitude oportuna** que, com certeza, me favoreceu muito. A aula estava marcada para às 16h, eu estava lá e a secretária pediu para que me dirigisse à sala de aula onde estavam os dois professores que iriam me "testar". Eles estavam sentados do fundo da sala, na última fileira. Eu entrei, me apresentei e os cumprimentei sem saber seus nomes e que um deles era professor de geografia e, o outro, de matemática (e um dos donos do curso). Eu comecei.

Eu disse a eles que naquela aula iríamos aprender equação do segundo grau. Apresentei uma equação do 2º grau, ensinei como obter seus coeficientes pois, para usarmos a famosa fórmula de Bhaskara, precisamos desses coeficientes. Porém, enquanto eu fazia isso, os dois estavam conversando, às vezes rindo, e pouco olhavam para mim. É claro que eles estavam ligados no que eu estava fazendo, mas provavelmente queriam testar a minha paciência. Pensei "estou no lugar certo, na hora certa, ou seja: **só falta aproveitar essa oportunidade**". Acompanhe.

Uma tacada de mestre (a oportunidade!)

Enfim, chegou a hora de eu apresentar a famosa fórmula de Bhaskara.

$$x = \frac{-b \pm \sqrt{b^2 - 4ac}}{2a}$$

Caro leitor, você só precisa saber que a equação **terá duas soluções** somente se aquele valor, **$b^2 - 4ac$**, dentro da raiz, **não for um número negativo**. Sabendo isso, você verá a saída oportuna que tive e que, provavelmente, culminou com minha aprovação.

Escrevi uma equação do 2º grau em que $b^2 - 4ac$ era **negativo** e, portanto, a equação **não teria solução.** E enfatizei:

Cuidado, se $b^2 - 4ac$ for negativo, a equação não terá solução.

E antes de começar a resolvê-la, apontei para um deles e perguntei, "Você concorda que essa equação apresentará duas soluções?". Ele, sem esperar uma indagação minha, respondeu rápido e meio que assustado: "Sim, é claro". Eu expliquei que não, pois $b^2 - 4ac$ era negativo e, portanto, a equação não terá solução. Eu disse: "Você errou porque, enquanto eu explicava, vocês estavam conversando e não prestavam atenção". E, elegantemente, disse a eles: "Fica difícil vocês serem aprovados no Madureza agindo dessa maneira". Eles pediram desculpas e disseram: "Você está certo, pode continuar".

Escrevi outra equação e, após uns dois minutos, eles me pediram para parar. Vieram em minha direção (eu pensei, "esses caras vão bater em mim" rsrs) e me perguntaram se eu poderia voltar às 23h para conversarmos. E, naquela noite, já estava pronto o meu horário de aulas para eu começar no dia seguinte.

Curiosidade

Nesse curso de Madureza, entrei no lugar de um professor muito bom e muito carismático. Por isso, os donos do curso tinham muito receio com a entrada do novo professor, que poderia não corresponder às expectativas dos alunos. Mas deu certo. Eu entrei em abril e, em outubro, foi feita uma pesquisa em que, dentre os professores de exatas, fui o primeiro colocado, e foi outro dono do curso que me deu esse comunicado. Fiquei muito feliz! Além disso, ele disse algo que eu jamais esperava: ***você é professor para dar aula no Curso Anglo Vestibulares.***

Não acreditei no que ouvi, era quase surreal. Afinal, eu havia feito cursinho no Anglo e os professores eram de excelência em conhecimento, didática e uma elogiável postura. Eram meus ídolos! Por força do destino, depois de quatro anos, me tornei professor do Anglo, que era o que qualquer professor queria ser. Fica aqui a minha gratidão ao Curso Preciso, de Madureza.

Como eu consegui entrar no Anglo?

Mais uma vez: estar no lugar certo, na hora certa, e estar preparado.

Numa tarde do mês de fevereiro, fui ao Anglo para pegar a resolução da prova de Física do Mapofei, pois eu gostava de ver as resoluções das provas feitas pelo Anglo (O famoso "O Anglo Resolve").

Tudo bem, desci a rampa (quem estudou no Anglo da Tamandaré, 596, lembra bem) e cheguei ao guichê para pegar a prova. Nesse momento, chegava junto o professor Gabriades, um dos donos do Anglo e que havia sido meu professor de Física. Ele já estava subindo a escadaria para ir para a sua sala, quando me deu um "estalo". Fui ao encontro dele, me apresentei e perguntei, sem muita expectativa, se haveria possibilidade de dar aulas no Anglo. Ele, como sempre, muitíssimo educado e atencioso, me recomendou conversar com o coordenador, o professor Nicolau Marmo, que também havia sido meu professor de Desenho Geométrico. O professor Nicolau, além do seu conhecimento e de sua didática, transmitia muita serenidade aos vestibulandos. Precisa de mais?

Imediatamente, falei para a recepcionista e ela, gentilmente, me convidou para entrar na sala dos professores. Entrei na sala e quem me recepcionou foi o professor Ribas, de Geografia, que por acaso também havia sido meu professor. Eu já estava me sentindo em casa. O professor Ribas me disse que o professor Nicolau estava viajando e pediu para que eu me sentasse para conversarmos. Eu falei que havia sido aluno do Anglo, que estava cursando a Poli e estava dando aulas num curso de Madureza. Ele anotou tudo, inclusive, é claro, meu telefone, e disse que aquelas anotações ficariam na mesa do professor Nicolau até ele retornar da viagem.

Dois ou três dias depois, ligaram para mim dizendo que o professor Nicolau queria falar comigo. Fui ao Anglo e conversei bastante com ele. Depois da conversa, ele me disse que eu teria que conversar com o professor Simão, um dos donos do Anglo e coordenador didático, e que também havia sido meu professor de Química. A coisa estava dando certo, e a conversa com o professor Simão seria o último estágio da minha peregrinação. Foi marcada uma reunião para às 14h da segunda-feira subsequente. Assim, precisamente no horário marcado, ele me recebeu em sua sala. Agora, seria tudo ou nada! Depois de conversarmos bastante, ele pediu para que eu aguardasse uns dias para ter uma resposta. Eu me despedi e, quando eu estava saindo, já fechando a porta da sala, ele me parou e disse: acho que vai dar certo. Eu não acreditei no que ele havia dito.

Caramba, me ligaram

Alguns dias antes do início das aulas, me ligaram pedindo para eu ir urgente ao Anglo. Fui voando para lá. O professor Nicolau me recebeu novamente e disse que eu iria pegar algumas aulas semanais de geometria. Vejam só: era essa a área da matemática que eu gostaria de ensinar!

Começaram as aulas

Comecei e foi dando tudo certo. No ano seguinte, eu já era um dos autores do material de matemática. E, ainda, naquele ano, ganhei uma placa de prata de uma turma de Exatas da noite. Naquela noite, a emoção foi tão grande que, acabadas as aulas, eu peguei meu carro e, antes de ir para casa, fiquei rodando por várias avenidas de São Paulo para gastar um pouco de adrenalina. E, nessa brincadeira, fiquei no Anglo por 43 anos.

Eu era feliz e... Sabia! Fica aqui a minha gratidão ao Anglo Vestibulares.

Agora vou relatar só um caso dentre os milhares

Evidentemente, durante esses 43 anos no Anglo, presenciei muitas coisas curiosas, às vezes boas, às vezes desagradáveis, mas, na maioria das vezes, gratificantes. O caso que vou relatar aconteceu numa sala, há muitos anos, e provei para mim mesmo a força que eu tinha sobre os alunos e o respeito que eles tinham por mim. Foi assim.

Eu entrei numa sala da tarde e, antes de começar a aula, vi uma aluna chorando. Apontei para ela e perguntei por que estava chorando. Ela disse que não era nada. Porém, umas meninas da fileira da frente me falaram baixinho que a sala inteira estava "pegando no pé dela" e que dois professores já haviam conversado com a sala, mas não adiantou. Eu, com a minha experiência e sendo ex-aluno do Anglo, já imaginei que ela havia feito alguma brincadeira com a sala e, a partir daí, desenrolou tudo isso. Pensei: deixa comigo.

Chamei a menina para o tablado e pedi para ela ficar ao meu lado, de frente para a sala. A classe inteira estava num absurdo silêncio, esperando, é claro, mais uma bronca. Porém, eu disse para ela: "Agradeça a sala por todas as brincadeiras que fizeram com você". Nem ela nem a sala entenderam esse meu pedido. Mas, enfim, ela agradeceu. Daí eu disse para ela: "Guarde para sempre o que eu vou dizer: **a gente só brinca com quem a gente gosta**".

Os aplausos foram tantos que, dessa vez, a menina chorou de verdade. E sabem o que se sucedeu: essa menina tornou-se a líder da sala e, sempre, organizava pequenas festinhas no dia do aniversário de algum professor!

"Mais que tudo, precisamos ter um pouco de sabedoria".

19

A SAPIENTE GAROTA DO ESCADÃO

O ano é 1984, na cidade de Muriaé. Percebendo os desafios inerentes à vida, a protagonista tenta encontrar soluções. As "Marias" ao seu redor são fontes de inspiração, fortalecendo sua jornada. Na escola, conheceu o clássico *Pollyanna*, e o *Jogo do Contente*, que mudou sua percepção do mundo para sempre. *A sapiente garota do escadão* é sobre uma mulher de coração aberto, porém muito determinada.

ROSANA TITONELLI

Rosana Titonelli

Enfermeira graduada (2008). Especialista em Saúde Pública (2009). Especialista em Saúde do Trabalhador (2009). Acadêmica na segunda graduação: bacharelado em Teologia (UCP), RJ. Professora nos cursos de Enfermagem, Educação Física, Farmácia, Nutrição, Psicologia no Centro Universitário FAMINAS, Muriaé, MG (2009-2013). Enfermeira cirúrgica no Hospital São Paulo, Muriaé, MG (2009-2013). Administradora pela SEMED (2001-2007). Auxiliar administrativa na Fundação Cristiano Varella, Muriaé, MG (2001-2007). Representante comercial cirúrgica: Tyco (2004-2010). Representante comercial cirúrgica: Johnson & Johnson (2011-2014). Empresária (2010-2024).

Contatos
rosana.titonelli@gmail.com
Instagram: @rosanatitonelli
Facebook: Rosana Titonelli

O ano é 1984, a cidade é Muriaé, no estado de Minas Gerais, Brasil. Vivíamos numa mesma casa, éramos quatro mulheres. Seriam seis se as duas irmãs mais velhas não tivessem naturalmente seguido suas próprias vidas.

Minha mãe era a cabeça da nossa casa. Maria José era absolutamente linda, seus olhos verdes hipnotizavam qualquer um e seus volumosos cabelos castanhos molduravam o seu rosto que, certamente, seria digno de uma pintura a óleo. Trabalhadora e de coração quente, seus sentimentos eram intensos, vibrantes; era dona de uma autoconfiança que nos contagiava. Ela cozinhava como ninguém e o aroma das refeições se espalhava por todo o ambiente – além de nos nutrir fisicamente, o que preparava nos preenchia a alma. Era caridosa com os vizinhos, e se destacava pela coragem e empatia. Até os dias de hoje, há quem a chame de Maria Bonita. Vale ressaltar que ela tinha pavio curto e que era abundantemente brava com suas filhas.

Recordo-me das reuniões escolares em que ela era admirada – eu a olhava de soslaio e não havia como não me orgulhar dela.

No desfile da Semana da Pátria daquele ano, as mães desfilariam com seus filhos no 7 de setembro e, quanto a mim, eu me sentia especialmente importante por estar ao seu lado. Na infância, marchamos pela escola juntas; na vida, enfrentamos grandes batalhas; algumas perdemos, outras ganhamos.

Minha avó era um céu de ternura, aconchego e calor. Sempre doce e companheira. Tão interessante descrevê-la por aqui... Se por um lado, vez ou outra, ela se sentia humilhada e dizia: "Não sei letrar nem o meu nome", por outro lado, Dona Maria dos Santos, mesmo não tendo estudado, era detentora de sabedoria natural, única, que nos colocava no eixo praticamente de forma instantânea com seus conselhos. Dizia verdades com propriedade, sempre de forma doce e simples. Dos vários ensinamentos ímpares que ela me fez, o mais profundo e inquestionável foi:

— Minha querida, estude muito. Podem te tirar quase tudo: as pessoas, os olhos, a própria vida, mas seu conhecimento, ninguém pode tocar.

Hoje, mulher madura, quando penso nas memórias que vivi com ela, encontro no seu ser uma experiente entendedora de pessoas, e para descrevê-la bem, diria que ela foi uma grande experiência de amor.

Deixem-me apresentar a vocês a Giovana, minha irmã. Ela é um ano e oito meses mais velha e, desde que posso me lembrar, era bonita, comportada e educada. Em relação aos afazeres domésticos, ela não era a que tinha as melhores afinidades nem aptidão para isso. Nas brincadeiras de criança, ela adorava um desafio: queimada, estourar garrafão, jogar bolinhas de gude. Treinou para ser baliza, isto ela fez muito bem. Em relação à música, ela sempre cantarolava, "*Eu não nasci de óculos*", do grupo Paralamas do Sucesso e amava os discos de vinil da banda RPM. Por ser mais velha que eu, ela estava sempre por perto, ou será que era eu que não saía de perto dela? Hoje, quando conversamos sobre a nossa infância, sempre ouço em suspiros:

— Nossa, como era difícil.

Eu, boba que não sou, não pergunto sobre a dificuldade que menciona, pois não quero tomar posse de ser eu a dificuldade dela. Prefiro continuar pensando que a dificuldade era a nossa vida dura e simples. Para ela, a vida também foi boa, alcançou os seus objetivos que um dia no passado sonhou, e, até os dias de hoje, continua competitiva e se tornou uma ótima esportista. Ademais é uma mãe primorosa, esposa dedicada e uma nutricionista respeitável. Somos, além de próximas, diria inseparáveis, e costumamos dizer que nossas Marias estão felizes com isto.

Quanto a mim, a quarta pessoa da casa, tenho que admitir: era uma garota descabelada e desajeitada. Beleza não era um predicado que me descreveria bem naquela época, mesmo assim, ela, minha avó, me fitava e dizia:

— Espia bem, que moça linda que ela vai ser – e adicionava: – Olha essas juntas.

Ela se referia às pontas de ossos que se viam por todos os lados no meu corpo.

Quando passava por alguma dificuldade que o TDAH[1] me confrontava, ela me acalmava, dizendo:

— Tudo que todo mundo faz, você irá fazer melhor, e de saltos.

Ela foi meu referencial de verdade. O que poderia ter me atrapalhado foi conduzido com tanto amor e sabedoria que, mesmo diante dos eventos inevitáveis que causam dor na infância, esse apoio não permitiu que feridas

1 TDAH: sigla para "Transtorno do déficit de atenção com hiperatividade", que provoca bastante inquietude e agitação.

fossem provocadas. Em vez disso, proporcionou um caminhar confiante, permitindo-me manter o olhar adiante.

Precisamos compreender que o período de 1980 foi descrito por muitos historiadores como a "Década perdida", uma época de grandes desafios financeiros, muita instabilidade econômica e políticas monetárias nada eficazes – isso permite que o(a) leitor(a) possa imaginar o quão desafiador era o cenário daquele tempo.

Eu, aos oito anos de idade, possuía energia o suficiente para duas ou três crianças, e, como você poderá supor, estudar não me ocupava o bastante, muito menos era meu primeiro interesse. Eu ajudava nas tarefas domésticas, as quais eu fazia aos galopes, mas o que eu preferia era brincar nas ruas e calçadas. Como eu não parava, pertencia a vários grupos de coleguinhas, sem mencionar os primos. Sempre aprontávamos algo juntos. Minha mãe e minha avó, coitadas... Ficavam sempre preocupadas e atentas comigo. Havia regras, dentre elas os horários estipulados para regressar para casa, e admito que sempre me perdia no tempo... Ou uma delas me encontrava, ou eu saía correndo para casa quando me dava conta do meu atraso.

Nossa casa ficava em uma travessa entre duas ruas. Não passava carro por conta do desnível entre a Rua Tiradentes e a Rua Simeão Feres. Era uma via exclusiva de pedestres, e o que conectava as duas ruas era uma quantidade generosa de degraus e, por isto, aquela travessa era chamada de "Escadão", que servia de passagem para muitos, uma vez que encurtava significativamente o acesso entre as ruas. Havia uma movimentação importante de pessoas por ali. Nem sempre as que subiam, desciam, e vice-versa. Muitas vezes, sentíamos falta de alguns dos pedestres mais frequentes. A Dona Maria, viva ainda hoje, é inesquecível. Cotidianamente, fizesse chuva ou sol, ela passava às 18h40 para ir à igreja assistir à Santa Missa todos os dias, sem falhar um dia sequer, e, se eu estivesse vivendo algum apuro, gritava:

— Dona Maria, reza por mim?

— Rezo sim!

Ela sempre respondia o mesmo. Acredito que ela rezou muitas vezes, e acho que foi muito bom. Não ao acaso, sua neta é uma grande amiga minha até os dias atuais.

Conforme eu mencionei, além de inquieta, era sociável. Em um grupo de meninas do qual eu participava, uma delas ganhou uma bendita coleção de formas de gesso que modelavam alguns personagens dos desenhos animados da Disney: Pluto, Pateta, Mickey, Minnie e Margarida. Como foi difícil aprender a desenformar corretamente aqueles bonequinhos. Para nós, na época, o preço do gesso era caro, e claro, não podíamos comprar. Algumas vezes, chegamos a ralar os que não davam certo para recuperar a matéria-prima e assim tentar refazer. Após tardes a fio, começamos a desenformar perfeitamente, e eu achei o máximo aqueles bichinhos. Certo dia, não havia mais gesso e não estava funcionando reciclar o que já havia sido reaproveitado. E dinheiro, definitivamente, nós não tínhamos. Chateada, pensei: "*E se eu vender estes que estão bonitos? Posso conseguir o dinheiro para comprar mais gesso sem ter que pedir à mamãe*". O meu coração vivia apertado por vê-la trabalhar inesgotavelmente para o sustento da casa, logo não me sentia nada confortável em pedir dinheiro a ela. Eu queria colaborar de alguma forma, isso ressoava sempre no meu íntimo. Mas como eu poderia ajudar? A verdade é que eu, na minha inquietude, só me acalmava quando estava bem pertinho dela. Agora, mesmo escrevendo, sinto até o seu cheiro. Minha cabeça não parava, e após muitos embrolhos, consegui ter uma ideia. Eu só precisava que a minha amiga, a dona dos moldes dos personagens da Disney, que nós fabricávamos em gesso, me deixasse vendê-los. Enfim, fui conversar com ela sobre a minha intenção. E não é que, com pouco esforço, ela me confiou aquelas pequenas obras de arte? Eu tinha uma proposta, tinha o produto e me perguntava: "*E agora, como irei vender?*".

Na minha cabeça, eu era uma comerciante como a minha mãe, mas decidi conversar com a minha avó. Ela sugeriu usar uma caixa de sapatos para buscar as pecinhas. Fui até a casa da minha amiga, eram apenas oito peças, brancas, pequenas e bonitas. Caminhei como que se estivesse com ovos nas mãos, o que era um sacrifício, pois eu era bastante levada, e não podia, de forma alguma, estragar aquelas peças. Minha cabeça pensava: "*Se eu estragar, minha mãe terá que pagar*".

Ali, aquela movimentada passagem seria o local ideal onde eu poderia oferecer as miniestátuas, lá bem no topo do "Escadão", na calçada da rua de cima. E tinha um porquê: as pessoas sempre paravam no final da escada para tomarem um ar, logo seria uma chance para tentar vender.

Era fim de tarde de uma sexta-feira, dia em que era bem comum alguns trabalhadores receberem a semanada. Lá estava eu, empossada de uma valentia, e pensava: "*Vou vender tudo!*". Peguei uma cadeira de madeira da cozinha de casa, coloquei uma fronha azul, e, sobre ela, peça por peça. Já podia vender! Oi? Como assim? E então, o pensamento automático (e óbvio) veio: "*E agora, por quanto venderei estas abençoadas estátuas?*". Por analogia, tive em conta o preço do gesso que já havia comprado anteriormente, e coloquei o valor de um quilo em cada estátua. Lembro de ter pensado: "*E se acharem caro? Posso tirar um pouquinho*". E, às 16h30, começou a subir um número maior de pessoas, e eu as abordava e perguntava:

— Não quer levar de presente para a sua filha? Quinhentos e cinquenta cruzeiros!

Eu vendi tudo.

Cheguei em casa me sentindo milionária! Na minha cabeça, pensava: "*Agora a minha mãe podia dizer que eu me pareço com ela*". Só que foi a minha avó que havia me emprestado a caixa de sapato, e que me ajudava ali a contar as moedas, a mulher sábia que ajudava a despertar a minha consciência, disse-me enquanto as separava:

— Menina, menina, não tem jeito com você, quanto que você vai pagar para a sua coleguinha?

Puxa vida! Tomei um susto! Não pensei nesta faceta do meu comércio. Quieta e indignada com aquela perspectiva de diminuir o meu ganho, pensei: "*Irei à casa dela e perguntarei por quanto ela quer por todas as oito peças*". Eu me adiantei mentalmente, antes que ela soubesse que eu havia vendido as estátuas tão facilmente. Mas a minha avó me orientou a perguntar para a mãe dela também. Lá fui eu. Justo no meu dia de estreia no setor comercial, veio por tabela o sufoco.

Cheguei à casa delas por volta das 18h, e perguntei:

— Se eu vender as oito peças, quanto vocês cobrarão?

A mãe da minha amiga não respondeu nada, devia estar cansada e não queria nem saber de estátua de gesso. Fazíamos uma bagunça danada para conseguir fazer os bonequinhos.

Então, minha amiga falou:

— Uai, compra o gesso para fazermos mais, e vem aqui pra casa.

Recordo que sua mãe revirou os olhos.

Eu tive uma ótima ideia e agora precisava criar um bom plano. Voltei para casa rapidamente e disse a minha avó assim:

— Irá sobrar muito dinheiro!

E minha mãe riu e me perguntou:

— E o que você vai fazer com tanto dinheiro?

E não é que eu sabia o que eu queria fazer com aquele dinheiro? E, naturalmente, respondi:

— Quando voltar da aula na segunda-feira, irei comprar dois quilos de gesso, vamos fazer mais, vou pagar os 24 bonequinhos, vou vender mais 16 e vamos comprar um frango assado.

Eu vi o sorriso da minha mãe para a minha avó, e ela pontuou:

— É, garota, você vai longe.

Confesso que, no dia, não soube muito bem o que ela quis dizer com aquelas palavras, mas na segunda-feira eu fiz exatamente como havia planejado – só que sem contar para ninguém.

Foi um sucesso! Levei para a escola. Vendia para os colegas, para os professores, até a diretora comprou. Logo em seguida, já me organizei e comecei a compartilhar os lucros com a minha amiguinha.

E, claro, eu comprei o frango! Foi o frango mais gostoso que nós quatro comemos juntas. Foi um almoço inesquecível. Olhávamos uma para as outras e nem era preciso comentar nada, pois o sorriso dizia muito. Os olhos da mamãe e da vovó marejaram naquela mesa. Costumo comer este prato até hoje, apesar de que, quando estou comendo, nem sempre me lembro desse dia em que desfrutamos da "minha", da "nossa" primeira conquista econômica.

Algum tempo depois, as vendas pararam.

Certo dia, ajudando ou atrapalhando (até hoje não sei bem), mas enfim, ali estava eu apoiando minha mãe enquanto ela pintava as camisetas que vendia. Então pensei: "*Vou pintar as estátuas!*". Não demorou quase nada, praticamente ato seguido do meu pensamento, fui lá e mergulhei a Margarida na tinta amarela. E não é que ficou bom? Então, passei a pintar as miniestátuas com cores diferentes, mas os clientes já haviam comprado e eu realmente não conseguia mais vendê-las. Houve até uma menina que ganhou um dos bonequinhos de gesso e o deixou quebrar; e perguntou se eu sabia consertar. Eu disponibilizei um novo para ela, e gostei da sensação.

Hoje, quando penso nessas experiências, acho que foram determinantes para meu futuro.

Eu estudava em uma escola pública no mesmo bairro do "Escadão". A diretora se chamava Lolô, outra mulher importante em minha vida. Tão impressionante aquela época comparada aos dias de hoje. Existe uma diferença brutal. As pessoas se preocupavam umas com as outras, se ajudavam e se amparavam. Tudo o que a Dona Lolô fez por mim, anos a fio, chega a ser emocionante só de pensar... Além disso, como ela era tão amável e tão generosa com os demais... E continua sendo até hoje.

Dona Nilda, minha professora (e eu não consigo me lembrar se foi antes ou após as benditas estátuas), resolveu ler na sala de aula o livro *Pollyanna*, da escritora Eleanor H. Poter. Eu, que não era nada afeiçoada à leitura, assim que ela fez a proposta, sofri de desânimo. Bastou a leitura do primeiro capítulo para que eu não faltasse às aulas de Literatura nem mais um dia sequer. Eu dormia e acordava pensando no que aquela menina iria aprontar nas páginas a seguir. A personagem do livro me inspirava: ela conseguia ser mais pobre do que eu e parecia mais feliz também. Bem, na verdade, eu me sentia rica se comparada a ela, haja vista que nunca tive de receber donativos da igreja. Sentia-me afortunada mais ainda, afinal, eu sempre tinha ao meu lado a minha mãe e a avó Maria; e, mesmo que distante, eu tinha o meu pai. Já a Pollyanna, ela não tinha mãe e vivia de donativos da igreja. Na verdade, eu identificava dentro de mim, ao ouvir esse conto, uma estranha mistura de dó e admiração por ela.

Pollyanna, em sua visão otimista, praticava e ensinava às pessoas o Jogo do Contente. Deixe-me explicar como o benevolente jogo funciona: se algo acontecer com você e lhe deixar triste, procure contextualizar numa perspectiva positiva. Estimule seu pensamento a pensar no fato ocorrido de maneira diferente, multifacetada. Por exemplo, conforme eu aprendi na história desse livro (e confesso que não a esqueci até hoje), Pollyanna era filha de um missionário e eles viviam das doações. No Natal, na caixa de donativos, a garotinha esperava uma boneca e recebeu um par de muletas, deixando-a muito desapontada. Seu pai, que já conhecia o jogo, a ensinou: "Fique feliz, querida, pelo fato de você não precisar usar as muletas". Sensacional!

Normalmente, quando ouvimos a palavra "jogo", já nos vem à mente algo como jogos de azar, perdas, vícios e danos, mas aqui será diferente. O Jogo do Contente da Pollyanna deve ser tratado como algo que, a longo prazo, é construtivo e pede uma estrutura baseada na positividade, que pode nos estimular a perceber e analisar os fatos com outro enfoque, por outros ângulos. Nesse jogo da Pollyanna, aprende-se a ver, na adversidade, a possibilidade de uma reconstrução dentro da superação.

Quando penso no Jogo do Contente da Pollyanna, o que me intriga até os dias de hoje é constatar como o livro apresenta uma perspectiva, em forma de jogo, de possuir o dinamismo e o poder de ser tão edificante e oferecer uma chave de libertação tão poderosa. Não consigo citar a primeira vez que enquadrei o exercício do jogo em minha vida, pois foram tantas as vezes que, para mim, é impossível recordar.

Relembremos o comércio das estátuas de gesso e a odisseia do jogo do contente. Hoje vejo que o jogo já estava dentro de mim, mas o encontrei e o reconheci fora, em um belo livro. Se pelo menos uma pessoa, com a leitura deste capítulo, passar a ver a vida de um ângulo melhor, ou passar a usar o Jogo do Contente, que para mim é valioso, penso que se cumprirá o objetivo da minha participação neste livro.

Após a minha primeira experiência literária, nunca mais parei de ler. Quanto aos livros que não podiam ser emprestados nas bibliotecas da escola e da prefeitura, eu não via um problema, ia logo para a solução: sentava-me por lá e ficava horas a fio lendo.

Esse foi o início do meu currículo, e é a primeira vez que o apresento. Não sei como seria se o tivesse escrito para apresentá-lo a uma multinacional ou em uma universidade como proponente ao cargo de professora, ou representante comercial. Devo confessar que o sadio Jogo do Contente foi apresentado em ambos os cargos, e tive algumas oportunidades de vê-lo ser usado por outras pessoas.

Aquela década foi o forno que nos preparou para a vida. Os dias difíceis, desafios e ausências foram reparados na medida do possível. O fato marcante dessa época foi que chegaram dois irmãos paternos. É uma relação leve, tranquila, e somos bem próximos. Temos gratidão por esta oportunidade.

Nas experiências da vida, mediante aos lamentos das pessoas, sempre me pergunto: O que será que faltou? A caixa ou a tinta? A avó ou a mãe? O jogo ou os amigos? Será que falta a alegria? Ou será que faltou a experiência da dificuldade? Às vezes, chego à quase conclusão de que o que falta em muitas histórias é a grande vivência que se faz com a gratidão. A gratidão valida o que nos foi entregue, tudo o que recebemos e ofertamos valida a experiência. No entanto, preciso relatar meu total respeito ao sofrimento alheio. É de meu conhecimento motivos e razões excepcionais que sacrificam algumas pessoas. A única sugestão cabível é: acreditem e busquem sanar as dificuldades. Se curar for possível, busque a cura. Recomece, renasça, aceite o novo. Zere as contas, busque sua felicidade. Eu acredito que fomos todos criados para sermos felizes.

Apesar de minha história ser simples, para mim, ela é a minha grande história. Eu não tenho vergonha alguma dela, e não tenho dificuldade alguma em ter sido uma garota pobre. Nem por ser quem eu sou: otimista, destemida e empreendedora, mesmo tendo sofrido retaliações e preconceitos.

Foi difícil. A vida se desenrolou em muitos capítulos e, provavelmente, ainda poderei escrevê-los.

Se no ano de 1984 eu tinha oito anos, se fizerem as contas, saberão a minha idade. Recordo-me sempre daquele tempo quando me vejo diante dos tropeços e obstáculos que encontro pela vida afora. Quando estou numa situação em que é preciso pensar e me posicionar, lembro-me da seguinte perspectiva: cabe na caixa de sapatos? Pois, se couber, eu sei que irei conseguir lidar. Houve dias na minha vida em que a caixa de sapatos estava com peças mais frágeis que as de gesso ou quiçá os ovos, e eu precisei de muito cuidado, ainda assim, eles se quebraram.

A vida sempre foi dura, implacável, e determinada em me apresentar suas faces e adversidades. Confesso que já desanimei. Mas garanto que brevemente me refazia, pois, em vez de ficar demandando os meus próprios obstáculos, eu olhava ao meu redor e, ao ver, sempre encontrava algo pior, ou mais difícil, e assim dava para ver que a minha contrariedade era menor, e que provavelmente eu daria conta, ou que simplesmente eu iria continuar, sim, e se preciso fosse, alteraria a rota. E quando se fez necessário alterar os planos, eu aceitei e fui em frente.

Lembram-se dos olhos marejados naquela mesa? Eu nunca os esquecerei! Aquela sensação, a gratidão daquele momento... É de lá que me vem a inspiração para minha vida: criar, superar, vencer, dividir e cultivar o espírito de união, tudo isso me fez quem sou. Posso não ter me tornado a pessoa mais bem-sucedida do mundo, isso para alguns, mas me reconheço feliz em mim mesma, sou realizada e, se preciso for, sei onde comprar o gesso, aceito negociar o preço, aprendi a pintar a vida, consigo vender a "estátua", sou capaz de reparar se quebrar e, se preciso for, tenho potencial para repor uma peça na vida dos outros. E pratiquei a obediência. Essa foi a lição mais difícil da minha vida: saber obedecer. Neste exercício, entendi que a obediência é uma virtude, talvez a mãe da disciplina e o critério dos sábios – como virtude, frutifica. A disciplina mantém o projeto, e a sabedoria sabe dar o devido valor ao que tem valor. Ainda assim, deve-se ter cuidado ao avaliar, saber ponderar o que deve ser obedecido ou enfrentado, pois ainda existe uma sutileza nisso: sim, devemos ter disciplina, sermos obedientes, saber aguardar as medidas que o tempo propõe e... Nunca perder o discernimento.

Nessas lições, as portas se abriram, os dias são mais valorizados e as oportunidades foram agarradas. Teve romance e superação. Com grandes desafios, chegaram os filhos, e então a alegria tomou sua medida cheia. E, com as convivências comuns a todos os seres, também chegaram as decepções.

Há pouquíssimo tempo eu descobri, em um canto da roça, a mesa de madeira da minha mãe. Foi uma bela sensação. Com pouco esforço, consegui restaurá-la. Hoje, ao redor dela, muitas noites nos juntamos, e quando o assunto está fluindo, gosto de dar alguns passos para trás e, no sofá, me sentar. Um pouco distante, eu olho para a mesa e penso: "*Quanto de minha mãe ali ainda está? Quanto de mim nos meus filhos ficará?*".

A vida nunca é um acaso. Posso afirmar que a vida é uma sequência frequente de escolhas e consequências, que juntas escrevem as histórias das pessoas.

Pois, se há uma razão no tempo, essa razão é o encontro das verdades, em sua dura e real face, mesmo que alguns sejam sórdidos demais e não as aceitem; o que foi feito está eternizado em suas histórias. Existe um ditado popular que descreve brilhantemente este fato: "Livre no plantio, e escravo da colheita".

Em contrapartida, para uma "*otimista ofensiva*" que me julgo ser, até o que não foi bom em minha vida teve que se vestir das roupas da alegria, pois as coisas que para mim não deram certo, não as desejei e não as planejei, soube lidar com elas dando um verniz melhor. Quando alguns eventos frustrantes me alcançaram, eles tiveram o lugar que eu achei que mereciam na minha vida, nunca aceitei que eles me definissem e ou me derrotassem.

Após ter pensado no meu capítulo concluído, eis que a razão veio à tona e partiu os meus pensamentos. Dei-me conta da vulnerabilidade de escrever sobre a vida pessoal, pensei sobre a intimidade de ler os pensamentos e as memórias alheias. Tive medo. E veja você... Agora sou eu quem está escrevendo. Ainda assim, aqui estou, guarda baixa e me deixando conhecer, e de coração bem aberto. Até escrever este capítulo, jamais havia visto por esta perspectiva. Ler é ouvir a alma do escritor, transitar dentro dela e ser íntima na mais cristalina liberdade concedida. Visitando as memórias e experiências de quem as escrevem, essas se apresentam desnudas nas mais absolutas transparências, e se deixam conhecer em grande fragilidade, o que dá ao leitor ou leitora, inusitado e imprevisível, o acesso a uma intimidade grandiosa. Contada uma história pessoal, seja em versos ou prosa, existe a possibilidade de entenderem algo diferente do que o escritor disse, ou quis dizer. E quando me dei conta disso, me vi mergulhando em um pensamento: o silêncio é um escudo poderoso. E foi aí que me vi sendo incoerente comigo, com os meus leitores e com a minha história, portanto, irei reelaborar.

Esta história, à minha leitura, me pareceu estar centrada por demais em minha pessoa e, na verdade, ela não se aplica apenas à minha história, se aplica às Marias de minh'alma: mamãe e vovó que, se escritas, seriam boas leituras. Hoje, elas já se foram. É difícil lidar com a saudade. Nós, Giovana e eu, cuidamos com grande amor da vovó e, poucos anos depois, minha mãe acamou por seis anos. Dedicamos a ela todo o tratamento possível, foram anos difíceis financeira e emocionalmente, mas fizemos tudo que precisava ser feito, ouso dizer que fizemos bem além.

Das emoções que conseguimos trazer, sem dúvidas foram os netos/bisnetos, primeiro foi o João, tínhamos este sonho, um homem entre nós, e a minha Maria, que não teria como batizar com outro nome. Já Giovana arrematou com o levadinho Renato, que se parece mais comigo do que consigo descrever.

Este é o primeiro capítulo que escrevo sobre minha vida pessoal, por aqui deixo eternizada a história da minha infância e como influenciou a minha vida adulta. Viajando neste texto, pensei:

Será uma boa leitura para os meus netos? Se for, grande importância este capítulo alcançará na minha vida.

20

A JORNADA DE RESILIÊNCIA POR MEIO DAS HABILIDADES SOCIAIS

Em uma pequena cidade, uma pessoa supera a timidez extrema pela Análise do comportamento focada em habilidades sociais. Com uma terapeuta, começa a praticar contato visual e cumprimentos, utilizando reforço positivo e *role-playing*. Gradualmente, participa de atividades em grupo e, após uma apresentação transformadora, adquire confiança. A jornada culmina em uma carreira na psicologia, ajudando outros a superarem desafios sociais e fortalecerem a resiliência.

ROSEMEIRE NERIS

Rosemeire Neris

Psicopedagoga especializada em neuropsicologia, alfabetização e reabilitação cognitiva. Apaixonada por ajudar crianças, adolescentes e adultos a desvendarem os mistérios da aprendizagem, dedica-se ao estudo das conexões entre o cérebro e o processo de aprendizagem. Sua abordagem inovadora na avaliação psicopedagógica foca na neuropsicologia para desenvolver estratégias personalizadas de intervenção. Busca compreender as necessidades específicas de cada indivíduo e criar um ambiente acolhedor e estimulante, no qual o aprendizado seja significativo e prazeroso. Trabalha com avaliações completas e intervenções individualizadas, ajudando a superar dificuldades de aprendizagem e promovendo a recuperação de funções cognitivas em adultos.

Contatos
rosemeireneris2@gmail.com
11 97645 0360

Imagine-se em uma pequena cidade do interior, vivendo com uma timidez extrema que limita suas interações sociais. Desde a infância, encontros familiares, eventos escolares e conversas casuais sempre causaram desconforto profundo. A vida parece limitada por uma barreira invisível, e a sensação de isolamento é constante.

Em determinado momento, você ou alguém próximo decide que é hora de buscar uma solução. Após muita pesquisa, a abordagem da Análise do Comportamento com foco nas habilidades sociais se apresenta como uma promessa. Ao encontrar uma terapeuta comportamental experiente, começa-se um programa intensivo de treinamento em habilidades sociais, adaptado especificamente para suas necessidades.

O treinamento inicia com passos simples: aprender a fazer contato visual e cumprimentar as pessoas. No início, até mesmo essas tarefas básicas são um desafio, mas, com o tempo, pequenas mudanças começam a ocorrer. Manter o olhar durante conversas breves e responder educadamente aos cumprimentos tornam-se conquistas celebradas.

Uma das técnicas mais eficazes no processo é o reforço positivo. Sempre que uma tarefa social é concluída com sucesso, você recebe um elogio ou uma pequena recompensa. Esse sistema de recompensas fortalece a confiança e motivação. Além disso, são introduzidos exercícios de "*role-playing*", simulando situações sociais para praticar respostas adequadas e expressões faciais.

À medida que você progride, as sessões tornam-se mais desafiadoras. Participar de atividades em grupo, como clubes de leitura e grupos de estudo, inicialmente causa desconforto, mas, gradualmente, começa-se a sentir mais à vontade. Percebe-se que outras pessoas também enfrentam dificuldades sociais e que, muitas vezes, a aceitação e apreciação pelas contribuições são genuínas.

Desenvolvem-se estratégias para iniciar e manter conversas, aprendendo a ouvir atentamente e a fazer perguntas pertinentes. A expressão de opiniões e sentimentos de maneira assertiva é trabalhada, enfatizando a importância do equilíbrio entre falar e ouvir, ensinar e aprender, proporcionando um conjunto de habilidades que vai além das interações básicas.

O "*turning point*" da jornada ocorre durante uma apresentação escolar ou profissional. Um evento é organizado onde você deve apresentar um projeto de sua escolha. Para muitos, isso parece um pesadelo, mas para você, é uma oportunidade. Com muito encorajamento e prática, escolhe-se um tema apaixonante, preparando a apresentação exaustivamente.

No dia do evento, nervosismo e determinação se misturam. Ao subir ao palco, você olha para a audiência e, pela primeira vez, fala com confiança. A paixão pelo tema transparece em cada palavra, cativando os ouvintes. Ao final, uma ovação calorosa transforma a percepção de si mesmo. Esse momento é transformador. Pela primeira vez, sente-se o poder de conectar-se verdadeiramente com os outros.

Com o tempo, as habilidades sociais recém-adquiridas começam a impactar outros aspectos da vida. Novas amizades são feitas, a participação em atividades extracurriculares aumenta, e um engajamento mais ativo e significativo se torna a norma. A autoestima melhora significativamente, e a visão de si mesmo como alguém capaz de superar desafios e alcançar objetivos se solidifica.

Essa história não é apenas uma narrativa de superação pessoal; é um testemunho do poder das habilidades sociais e da resiliência. A abordagem da Análise do Comportamento, com foco em habilidades sociais, proporciona as ferramentas necessárias para transformar a vida. Descobre-se que, com o conhecimento certo e a prática constante, é possível superar barreiras e alcançar o sucesso desejado.

Surpreendentemente, anos mais tarde, a decisão de seguir carreira na área de psicologia pode surgir, com a vontade de ajudar outras pessoas a superar desafios semelhantes. Formar-se com louvor e tornar-se um terapeuta respeitado, especializado em habilidades sociais e resiliência, é um objetivo atingível. Dedica-se a vida a ensinar e inspirar outros, mostrando que, com determinação e o suporte adequado, qualquer um pode transformar sua história.

A jornada descrita demonstra que a resiliência não é apenas uma habilidade inata, mas uma qualidade que pode ser cultivada e fortalecida por meio do aprendizado e da prática. Essa história é um exemplo vivo de que, com o conhecimento certo, práticas adequadas e um foco equilibrado nos resultados, é possível alcançar qualquer objetivo e realizar sonhos outrora considerados impossíveis.

21

COMO DESPERTAR SUA VERSÃO DE SUCESSO E TER A VIDA QUE SEMPRE SONHOU!

Para conquistarmos nossa vida dos sonhos, precisamos despertar nossa versão de SUCESSO e permitir que prosperidade e felicidade reinem plenas em nossa realidade. Para que isso aconteça, precisamos trabalhar os 7 segredos da GRATIfulness e, assim, entregar nosso melhor e estarmos preparados para receber o melhor que o mundo pode nos dar. Não deixe para depois a vida incrível que você pode ter hoje.

SASCHI SCHMIDT

Saschi Schmidt

Empresária premiada em inovação pela FISA (*Food Ingredients South America*), mentora, pesquisadora, palestrante, colunista da Revista Economia S/A e escritora na área de desenvolvimento pessoal e potencialização de vida, com pós-graduação em Psicologia Positiva e Gestão de Imagem pelo *Image Group International*. Criadora da metodologia "GRATIfulness" e do Treinamento "SUCESSO X8 - Marcas de sucesso são feitas por pessoas de sucesso". Hoje, dedica sua vida a apoiar pessoas a despertarem seu potencial máximo na vida pessoal e profissional. Com seu Treinamento SUCESSO X8, apoia empresas a levarem sua equipe para o próximo nível. Aqui, o sucesso individual é trabalhado em prol do sucesso coletivo, refletindo positivamente tanto nas empresas quanto nas famílias, fazendo valer a máxima: o bem de um pelo bem de todos.

Contatos
Instagram: @canaldasaschi
@gratifulness

Sermos nossa versão de sucesso nos permite criar a vida conforme nos agrada mais. Para isso, é necessário seguir algumas regras para que suas conquistas não sejam vazias, afastando-nos da verdadeira felicidade. Conquista sem felicidade não é sucesso! Portanto, aqui, trarei formas para despertar essa versão de si mesmo que permitirá torná-lo autor de sua própria história e, consequentemente, da vida de seus sonhos.

Quando nascemos, chegamos munidos de todas as ferramentas para criarmos nossa vida exatamente do jeito que gostaríamos. Porém, ao mesmo tempo, trazemos bloqueios ancestrais gerados por nossos antepassados que deixaram marcas energéticas em nossa genética. Já reparou como as crianças, hoje, parecem nascer mais inteligentes que as de antigamente, até andando mais rápido que há anos? Isso prova o conhecimento adquirido ao longo das gerações que vem na nossa genética, assim como alguns padrões que se repetem com o passar dos anos até serem quebrados de alguma forma.

Além do que trazemos, bem antes de nos percebermos de forma consciente, acabamos criando outras proteções ao lidarmos com o mundo desde a gestação no útero materno. Essas proteções evitam que nossa versão de sucesso se expanda e nos afastam da vida que sonhamos.

Nossa vida é fruto de nosso sistema operacional em ação. E ele é formado por nosso corpo mental e emocional que, juntos, influenciam nosso corpo físico a agir e reagir de determinada forma, assim como vibrar em certa frequência, gerando um campo eletromagnético que encontra e atrai no Universo tudo o que precisa para concretizar sua vida tão sonhada.

Nossa mente é a fonte elétrica (positiva) do nosso campo energético, e o coração, que reina nossas emoções, é a fonte magnética (negativa), no qual positivo é o que vai para fora e negativo é o que traz para dentro. Lembrando que positivo e negativo em física não têm nada a ver com bom ou ruim, e sim com o tipo de carga, OK?

Para que tenhamos sucesso em nossas cocriações (nossa criação com o grande Criador), é necessário que as duas energias estejam em coerência, a elétrica e a magnética, gerando um disparo de onda eletromagnética perfeita.

Pense nesse processo como uma pescaria eletromagnética, em que nossa mente é responsável por lançar o anzol no lugar onde há mais peixes do tipo que gostaríamos de pescar, onde exercemos nossa força elétrica; e nosso movimento e intensidade para puxar o peixe para o barco, depois de fisgado, vem do coração, exercendo nossa força magnética.

Então, é necessário que jogue o anzol no lugar certo e acredite que conseguiu pegar aquele tipo de peixe, sentindo a emoção da realização. Senão, poderá até pescar o peixe, mas logo ele fugirá, pois não colocou a força necessária para trazê-lo para perto.

E como fazemos para que isso aconteça? Como ter coerência entre mente e emoções e, assim, termos nossas ações direcionadas para onde nossos sonhos estão? Como deixar de lado as crenças que nos afastam de nossos sonhos e como podemos nos livrar de bloqueios que, por vezes, foram criados gerações antes da nossa própria existência, mas que ainda interferem na vida atual?

Foram essas perguntas que respondi na busca pela minha versão de SUCESSO. Foi assim que me livrei da falência, obesidade e depressão. E esses 7 segredos, que me foram revelados nesta jornada, me fizeram conseguir, enfim, viver minha vida dos sonhos e, assim, passar a ajudar outras pessoas a fazerem o mesmo. Por tudo isso, gostaria de compartilhá-los com você.

No meu livro *O sucesso de ser você!*, disserto mais profundamente sobre esses segredos, mas aqui vou resumir, de forma que você consiga colocar em prática algumas atitudes para que sua vida tome um rumo muito mais próspero e que a felicidade comece a ser mais presente.

Antes, quero definir SUCESSO. É quando a sua melhor versão encontra a sua melhor vida por meio de sua melhor entrega ao mundo, o que faz com que prosperidade e felicidade estejam no mesmo tempo e espaço. Por mais que muitos acreditem que a felicidade é inerente a algumas conquistas atingidas, ela está atrelada à sua entrega ao mundo e não ao que coleta dele.

Para conseguir que esse SUCESSO que descrevi aconteça, ou seja, entrega e coleta no mesmo nível, é preciso que coloque em prática os 7 segredos que mencionei, que reuni em uma metodologia a qual chamei de "GRATIfulness", pois percebi que a gratidão plena é a força motriz para colocá-los em prática.

O primeiro segredo é a AUTORRESPONSABILIDADE. Sem ela, você nem sai do lugar, pois, sem acreditar e aceitar que você cria sua própria realidade, como expliquei no início, não consegue ter forças ou acesso às ferramentas necessárias para mudar sua vida.

Quando você culpa os outros pelas coisas ruins da sua vida, ou coloca as expectativas de mudança ou crescimento nas mãos de outra pessoa, abdica do seu bem mais precioso, sua vida, e, assim, só esse ser humano pode decidir até onde você poderá chegar e que tipo de vida deve ter. E o pior é que, muitas vezes, esses indivíduos nem sabem da sua existência, como políticos, economistas e por aí vai. Ou até são pessoas que querem mesmo te ver mal. Já pensou sobre isso? Então, por este motivo, começo sempre abordando a AUTORRESPONSABILIDADE, que é onde o jogo começa a virar.

O segundo segredo é o AUTOCONHECIMENTO, pois nada pode ser modificado sem ser previamente conhecido. Quando você quebra o seu celular ou quer dar um *upgrade* nele, como aumentar a memória ou fazê-lo funcionar mais rápido, onde vai levá-lo para resolver o problema? Em um lugar especializado em celular, que tenha pessoas que saibam como um aparelho desses funciona e como foi montado, pois se levá-lo para quem não entende do assunto, não terá como resolver a questão. Então, como acha que conseguirá mudar sua vida, sem saber como funciona o seu sistema operacional e como foi montado? Não tem como!

Não adianta querer e saber que pode mudar sua vida, se não conhece seu funcionamento e sua estrutura, ou seja, seu sistema operacional.

O terceiro segredo, que hoje eu trago numa ordem diferente da que apresentei no livro *O sucesso de ser você*, – e já dando um *spoiler* do meu próximo livro da trilogia, *O sucesso de sermos nós*, que trará a roda do SUCESSO com essa ordem, – é o PROPÓSITO.

Trazendo novamente a metáfora do celular, de que adianta termos um celular que sabemos como foi montado, como liga e desliga, como fazemos ajustes e *upgrades*, se não sabemos todas as suas mais importantes funções? Viver sem um propósito é como ter um *smartphone* e só saber fazer ligações de voz simples com ele. Ele passa a não servir para seu propósito, que seria conectar pessoas ao mundo por meio de vários meios digitais de forma rápida e móvel.

Assim como o *smartphone* tem seu propósito, sua principal função que torna a nossa vida mais fácil e, de certa forma, o mundo melhor, cada um de nós tem o seu. Ninguém nasce sem importância para o mundo, sem uma forma de torná-lo um lugar melhor. Todos têm uma importância para o bom funcionamento e melhoria da existência, sem exceção.

Então, vamos definir claramente o que é PROPÓSITO. Propósito é como você entrega o seu melhor para que o mundo evolua. Não precisa envolver nada grandioso, apenas o seu melhor em ação.

Para conseguir descobrir e definir claramente seu propósito, avalie-se no que é bom e no que ama fazer, misture tudo e veja no que dá. E, assim que analisar o resultado, pense se faria isso até de graça, caso não precise de dinheiro para manter sua vida. Quando responder positivamente a essa questão... Bingo! Aí está o seu PROPÓSITO.

Quando temos um propósito claro e o vivemos em tudo que fazemos, não temos razão para brigar com o despertador, ou ficar reclamando da vida, ou motivos para estar sempre insatisfeito, pois você é o que tem que ser e o mundo está feliz com isso e lhe retribui à altura. Ficou clara a importância de descobrir e viver o seu?

O quarto segredo fecha um mergulho para dentro de você em que, enfim, entende a beleza de ser quem é no mundo em que vive, que é o OLHAR DA GRATIDÃO. E atenção, gratidão não é um ato de agradecimento, e sim um estado de espírito que potencializa a qualidade da sua experiência de vida, o modo como enxerga sua vida.

A GRATIDÃO PLENA, que é a que sempre trago em minhas palestras, livros e treinamentos, significa enxergar a beleza de toda a existência em tudo que existe, até em um simples gole de água, um sorriso, ou até em algo desconfortável como uma dor de dentes. Tudo sempre mostra para você que está vivo e não há beleza maior que esta. Entende por que o nome da metodologia é "GRATIfulness" agora? Quando entendemos o quanto a nossa vida é valiosa com todas as células do nosso corpo, lutamos para fazê-la valer a pena de qualquer forma, tanto em entrega quanto em coleta.

Já parou para pensar que cada momento e cada pessoa que existe precisou de toda a existência para existir? E enxergar isso faz você ver com olhos mais carinhosos até as coisas mais desconfortáveis que passa? Vou te dar um exemplo.

Vamos pensar em um banho. Para que ele existisse, foi necessário um chuveiro, energia elétrica, encanamentos de água e todas as pessoas envolvidas na instalação de tudo isso. Mas será que é só isso? Não! Há todas as pessoas envolvidas diretamente na instalação, na criação e confecção de cada material envolvido. E será que paramos por aí? Ainda não também! Foram necessárias outras grandes descobertas, desde a descoberta do fogo e até grandes conflitos, crises e guerras para estimularem a descoberta de objetos e tecnologias que antecederam o chuveiro elétrico e a rede de esgotos, por exemplo, para que nosso incrível banho morno chegasse até nós. Então, se olharmos a fundo, iremos perceber que toda a existência foi necessária para que este momento acontecesse e fosse tão fácil para muitos de nós, mesmo não sendo a realidade para outras pessoas que não têm acesso a sequer água limpa, quanto mais a um banho morno depois de um dia cansativo. Seja grato por isso!

Temos por hábito reclamar das coisas que não nos trazem prazer ou conforto, mas foram elas que estimularam nossos maiores e mais rápidos crescimentos. E aí?

Será que foi realmente algo tão ruim assim?

Seguindo, então, com nossos segredos, chegamos ao quinto, o famoso MERECIMENTO, que podemos chamar de unidade de medida das nossas conquistas, pois só conseguimos conquistar o que nos sentimos merecedores.

Essa questão é sempre um dilema, pois muita gente acredita se sentir merecedora de seus desejos, mas suas atitudes e pensamentos dizem o contrário. Como o MERECIMENTO faz parte do nosso subconsciente, que corresponde a 95% da nossa mente, os 5% conscientes acabam teimando em achar que estão no comando, quando não estão.

Por exemplo, quantas vezes comprou algo que logo depois se arrependeu, porque acreditou que era muito caro e que poderia ter gasto o dinheiro em outras coisas? Ou quantas vezes, depois de ter conquistado algo incrível que desejava, mas que não fazia parte da sua realidade, como um cargo mais bem remunerado, um parceiro ou parceira que te trata bem e te agrega bastante, uma viagem, uma casa maior e mais confortável, ou um carro de luxo, começou a colocar vários problemas e/ou defeitos por ter conquistado esse objetivo?

Isso acontece porque o seu consciente queria, mas o seu inconsciente ainda não se sentia merecedor. Então, foi como se conseguisse isso por sorte ou por uma marca energética ancestral, que, assim como a epigenética (predisposição genética), traz algo como uma possibilidade para a sua vida. Mas, para que se concretize, depende das suas atitudes e do ambiente, assim como algumas doenças.

A ALIMENTAÇÃO CMA é o sexto segredo e tem conexão com tudo o que consome e que faz ser você. É como se alimenta de corpo, mente e alma (emoções), pois tudo que ingere, seja mental, emocional ou fisicamente, interfere em como se coloca diante do mundo. Isto é, comida que come, o tipo de informação que consome ou mesmo as emoções que escolhe nutrir farão diferença em como você se apresenta para o mundo e, consequentemente, como o mundo se revela de volta para você.

Por fim, trago o último segredo, que é o RESPEITO e AUTORRESPEITO, que é o que valida todos os outros e que trará sustentabilidade para sua nova vida. Pois, se não pratica esse segredo, é sinal que não entendeu o que é a GRATIfulness, ou gratidão plena, nem os outros segredos. E, assim como seu aprendizado e prática estão sendo incipientes, suas conquistas se tornam tão voláteis quanto a água fugindo pelos dedos ao tentar segurá-la com as mãos.

Pratique os segredos, tenha uma vida consciente e nunca se esqueça de que todos estamos conectados. Você já terá meio caminho andado para ser o protagonista e roteirista da sua própria jornada.

Nascemos para sermos felizes e prósperos. Cabe somente a você acreditar nisso e não ter preguiça ou medo de assumir a direção da sua própria vida. Não deixe para depois a vida incrível que pode ter hoje. Cada dia de vida inconsciente é menos um dia vivendo a sua vida dos sonhos.

22

CONTE SUA HISTÓRIA OU SEJA ESQUECIDO

O PODER DAS HISTÓRIAS DIGITAIS

Este capítulo ensina técnicas importantes para você criar histórias digitais cativantes que destacam seu conteúdo nas redes sociais. Com essas dicas, você poderá envolver seu público, compartilhar histórias autênticas e construir uma comunidade engajada. Lembre-se de que a prática é fundamental e não tema cometer erros; o importante é começar e continuar evoluindo. "Conte sua história ou seja esquecido".

SILVANO SULZART

Silvano Sulzart

Pedagogo, licenciado em Letras, com mais de 20 anos de atuação na área da educação, possui pós-graduação em Psicopedagogia e Literatura Brasileira. Mestre em Educação e Contemporaneidade pela PPGEDUC/UNEB, e Doutorando em Difusão do Conhecimento pela UFBA. Possui vasta experiência como professor e coordenador pedagógico, tendo lecionado na Universidade Estadual da Bahia (UNEB), FACEMP e FAMAM. Autor de três livros: *O diário de Davi: preconceito racial, homofobia e bullying na escola*, *O pescador e o poder da gratidão* e *Docência das águas: diversidade cultural, maritimidade e travessias na ilha de Itaparica*. Atua com paixão em pesquisas e projetos na área de formação docente, letramento digital, histórias digitais, escrita criativa, *bullying, cyberbullying* e tecnologias digitais.

Contatos
sulzarty@hotmail.com
Instagram: @silvanosulzarty

"O vídeo é a ferramenta perfeita para contar histórias, compartilhar ideias e inspirar a ação."
Gary Vaynerchuk

Deixe-me compartilhar um segredo, algo que nunca revelei a ninguém. Era uma manhã ensolarada na Ilha de Itaparica, na Bahia, o tipo de dia que faz tudo parecer mais vivo, lindo e divertido. Eu estava na minha cozinha, onde o aroma do café recém-passado misturava-se com o som suave das folhas dos cajueiros e coqueiros que cercam a minha casa. Peguei meu celular, minhas mãos um pouco trêmulas de nervosismo. Respirei fundo, tentando acalmar o coração acelerado.

Posicionei o celular sobre a mesa de madeira, ajustando-o para capturar a luz suave que entrava pela janela. Toquei na tela para abrir a câmera e, com um toque incerto, pressionei o botão de gravação. No visor, vi meu reflexo tímido, mas determinado. Olhei para o celular, tentando imaginar os rostos dos meus 532 seguidores do outro lado. Inspirado pelos blogueiros e influenciadores digitais que eu sigo, forcei um sorriso e murmurei um breve "bom dia". O vídeo ficou com menos de 20 segundos, mas para mim parecia uma eternidade.

Ao assistir à gravação, fui tomado por uma onda de autocrítica. O som da minha voz soava mais agudo do que eu imaginava, o que me desconcertou profundamente. Além disso, comecei a reparar em vários detalhes que me incomodavam: a aparência do meu cabelo, desarrumado e sem vida, e as marcas de expressão no meu rosto, que faziam com que eu me sentisse menos atraente do que eu gostaria. Cada uma das minhas imperfeições pareciam ampliadas na tela, e uma sensação de insegurança tomou conta de mim. Posto ou não posto este vídeo? No final das contas, optei por não postar e deletei a gravação. Você já passou por isso? Já gravou um vídeo e apagou por conta das suas próprias críticas? Já se sentiu tão crítico em relação a si mesmo que desistiu de postar um vídeo? Por que somos tão duros conosco quando o assunto é a nossa própria imagem? Quando o assunto é narrar a si mesmo pelos celulares.

Essa busca incessante pela perfeição nos leva a uma autocrítica constante ao nos inserirmos no mundo digital. Idealizamos a necessidade de um cenário impecável, um corpo e uma vestimenta perfeitos, criando uma sensação de inadequação. As redes sociais, repletas de imagens cuidadosamente curadas e vidas aparentemente perfeitas, faz crescer tal sentimento. Vivemos nos comparando com os outros, questionando nossa própria autenticidade e valor. Muitas vezes, esse autodescortínio e julgamento severo dificultam a produção de conteúdo e da narrativa de nossas próprias histórias. Sentimo-nos compelidos a esconder nossas imperfeições, temendo que não sejamos bons o suficiente para o olhar crítico do público. O resultado é uma paralisia criativa, em que a autenticidade é sacrificada em nome de um ideal inatingível. Isso nos leva a questionar: estamos realmente nos conectando com os outros ou apenas criando uma versão editada de nós mesmos? Como podemos encontrar um equilíbrio entre ser verdadeiro e atender às expectativas de perfeição?

Brené Brown, no livro *A coragem de ser imperfeito*, argumenta que a perfeição é um mito que nos impede de viver autenticamente e de nos conectar verdadeiramente com os outros. Ela defende que a busca incessante pela perfeição é fútil, mas também prejudicial, pois cria uma barreira entre nós e os demais, afastando-nos de relações genuínas e significativas. Brown sugere que essa busca pela perfeição alimenta o sentimento de vergonha e inadequação, minando nossa autoestima e impedindo de nos expressarmos plenamente.

Ela destaca que a coragem de abraçar a imperfeição é essencial para uma vida autêntica e significativa. Segundo Brown, ao aceitarmos nossas falhas e vulnerabilidades, abrimos espaço para a verdadeira conexão humana. Reconhecer que todos somos imperfeitos nos liberta das expectativas irreais e nos permite viver com mais compaixão e autenticidade. Esse processo de autoaceitação, embora desafiador, é fundamental para construirmos relacionamentos mais profundos e satisfatórios.

Com o tempo, aprendi a superar meus medos, aprendi a me assistir, aprendi a ouvir minha voz, aprendi também a me ver na tela do celular, às vezes aplicando um filtro e, outras vezes, sem filtro. Apesar da insegurança inicial, comecei a postar meus vídeos, a criar documentários educativos e a compartilhar minha rotina de trabalho. Aprendi a contar minhas histórias e a falar sobre mim mesmo, um processo que foi facilitado pela leitura de obras como *Por que tenho medo de lhe dizer quem sou?*, de John Powell. Esse livro explora os medos que nos impedem de viver autenticamente e nos guia em direção à autoaceitação e à construção de relacionamentos saudáveis.

Já no livro *O poder da ação*, de Paulo Vieira, compreendi a importância da autorresponsabilidade, pilar fundamental para superamos os nossos medos. O autor nos lembra que o poder de transformar nossa realidade reside em nossas próprias mãos, e que a procrastinação, as desculpas e a culpabilização externa são apenas armadilhas que nos impedem de alcançar nossos objetivos. "A responsabilidade por sua vida é sua. Ninguém mais pode vivê-la por você. Assuma o controle e faça as mudanças que você precisa para alcançar seus sonhos". Paulo Vieira nos desafia a assumir o controle de nossas vidas, reconhecendo que somos os únicos responsáveis por nossas escolhas, ações e consequências.

A produção de histórias digitais requer enfrentar uma série de medos: o medo da rejeição, do julgamento, do fracasso e da mudança. Identificar e superar esses medos é o primeiro passo para ganhar coragem de compartilhar quem somos com o mundo e, para isso, é preciso agir, é preciso gravar, é preciso assumir o controle das nossas vidas.

Já no livro *Atenção: o maior ativo do mundo*, Samuel Pereira enfatiza que "A atenção é o novo ouro. No mundo digital, quem controla a atenção das pessoas controla o jogo". No Brasil, diversos influenciadores digitais conquistaram milhões de seguidores ao compartilhar suas histórias, narrando situações cotidianas ou criando conteúdos específicos para as redes sociais, chamando a atenção cada vez mais de dezena de milhares de pessoas. Quero apresentar alguns desses influenciadores e mostrar como eles superaram desafios, transformando suas vidas e agora cativando milhões de seguidores com suas histórias.

Whindersson Nunes, o rei do YouTube, personifica essa jornada com maestria. Acumulando mais de 44 milhões de seguidores, ele conecta-se com seu público por um humor inteligente e reflexivo, compartilhando suas experiências de vida com autenticidade e leveza. Sua história, marcada por altos e baixos, serve como inspiração para milhões de pessoas que se identificam com suas lutas e conquistas. Já Bianca Andrade, a Boca Rosa, trilhou um caminho similar. Ao compartilhar seus conhecimentos sobre maquiagem e estilo de vida, ela conquistou a admiração de um público ávido por dicas e inspirações. Sua jornada demonstra que a paixão e a dedicação podem transformar *hobbies* em carreiras de sucesso, inspirando outros a seguirem seus sonhos. Tanto Whindersson Nunes quanto Bianca Andrade iniciaram no mundo digital com poucos seguidores e sem qualquer experiência. Ambos contam suas histórias e suas vidas, e foram aperfeiçoando a construção das histórias até chegarem onde estão hoje. Whindersson Nunes, por exemplo, já lançou também três *stand-up comedy* na Netflix.

Outro influenciador que iniciou sua trajetória do zero foi Lucas Rangel que, combinando a sua história com música e humor em seus vídeos de entretenimento, demonstra que não há limites para a criatividade. Sua jornada nos ensina que a autenticidade e a capacidade de se reinventar são chaves para o sucesso nas redes sociais. Já Virgínia Fonseca, por outro lado, conquistou corações contando a história de sua família. Ao compartilhar momentos autênticos e doces de sua vida cotidiana, ela conecta-se com um público que busca inspiração e identificação em suas experiências. Sua história nos lembra da importância de celebrar os pequenos momentos e fortalecer os laços familiares.

E, por último, quero destacar Felipe Neto, o rei do YouTube, que não se limitou a simplesmente contar a sua história. Ele criou um verdadeiro império digital, com seu conteúdo provocador e engraçado, desafiando seu público a refletir sobre temas sociais relevantes. Em 2019, tornou-se o segundo *youtuber* mais assistido do mundo. Sua história demonstra que a influência digital pode ser utilizada para promover o engajamento e o senso crítico, inspirando mudanças positivas na sociedade e na vida das pessoas.

Esses influenciadores, e muitos outros que se destacam nas redes sociais, provam que a autenticidade e a criatividade são os verdadeiros catalisadores do sucesso. Ao seguirem técnicas de *storytelling*, eles transformam suas histórias em ferramentas de inspiração, motivação e entretenimento, impactando a vida de milhões de pessoas ao redor do mundo. Nesse sentido, inspirado por esses influenciadores, quero compartilhar com vocês cinco dicas de *storytelling*.

A primeira dica é sobre ter autenticidade. Comece suas histórias mostrando quem você realmente é e compartilhando suas experiências de forma genuína. A autenticidade cria confiança e permite que as pessoas se identifiquem com suas histórias pessoais. Você é o diretor e o protagonista da sua própria história, assim, aprenda a mostrar somente o que seu público precisa saber sobre sua vida ou área de atuação. Conte e mostre o que pode ajudar na construção de uma imagem humanizada, cativante e autêntica. Narre o que vai te ajudar a atingir seus objetivos. Nem sempre, narrar sua intimidade é importante, no entanto, se para criar mais conexões com seu público isso for fundamental, não tenha medo de se expor. Caberá a você pensar, selecionar e criar o seu próprio roteiro.

A segunda dica é sobre construir histórias claras e organizadas. Estruture suas histórias com um início envolvente, um desenvolvimento cativante e uma conclusão que resuma a mensagem ou lição principal. Uma história bem construída mantém o público interessado e engajado do começo ao fim. A essência de uma boa história está no planejamento. No roteiro, na mensagem, no contexto, na simplicidade. Não importa o que você irá gravar, planejar o roteiro é essencial, mesmo que seja algo aparentemente espontâneo. Pense nas palavras, na sequência das ideias, no tom da história. Escrever o roteiro é uma boa estratégia para manter a história organizada, assim como ter uma agenda semanal e diária de conteúdos a serem gravados e postados.

Já a terceira dica diz respeito às emoções. Toque na emoção do seu público ao contar suas histórias. Histórias que evocam sentimentos como alegria, tristeza, inspiração ou motivação são mais memoráveis e impactantes. Compartilhe seus altos e baixos para criar empatia e uma conexão emocional genuína. Não há nada de errado em gravar e narrar um dia triste, contar isso para seu público, como não há nada de errado em gravar a notícia da chegada de um bebê, um presente, a compra de um carro, uma casa ou simplesmente uma TV, um celular, uma roupa. A emoção genuína cria conexões profundas, os influenciadores sabem disso, e não perdem a oportunidade de contarem desde os momentos de traições, falecimento de um ente querido ou o pedido de casamento. Se for importante e relevante para você, conte sua história e deixe a emoção rolar.

Ao contar sua história, utilize outros elementos como músicas, imagens, vídeos e gráficos para enriquecer sua narrativa. Essa é a quarta dica, pois os elementos visuais e auditivos não apenas atraem a atenção, mas também ajudam a ilustrar e reforçar seu ponto de vista de maneira mais eficaz nas histórias digitais. Certifique-se de que seus elementos visuais e auditivos complementem a construção de suas histórias. Aprender a utilizar aplicativos de edição de vídeos é fundamental para que você mesmo possa gravar e realizar simples edições. O CapCut é dos aplicativos mais utilizados no momento.

A quinta dica é sobre a importância da interação. Envolver seu público é fundamental para uma história interativa e envolvente. Incentive *feedback*, responda a comentários e estimule a participação por meio de perguntas e chamadas para ação. A interação cria um senso de comunidade e faz com que seu público se sinta parte da sua história.

Eu acredito que criar boas histórias digitais é uma habilidade essencial no cenário atual das redes sociais. O *storytelling* eficaz vai além de apenas transmitir informações; ele tem o poder de emocionar, inspirar e conectar pessoas em um nível mais profundo. As dicas abordadas neste artigo fornecem uma base simples para desenvolver histórias envolventes e autênticas, e a prática contínua e disposição para aprender com os erros são fundamentais para o aprimoramento dessa habilidade. Contar histórias não é apenas uma forma de cativar a audiência, mas também de construir uma comunidade. Portanto, lembre-se: "Conte sua história ou seja esquecido", pois, como afirma Gary Vaynerchuk, "O futuro pertence aos criadores de conteúdos, àqueles que narram suas histórias".

Referências

BROWN, B. *A coragem de ser imperfeito:* como aceitar a própria vulnerabilidade, vencer a vergonha e ousar ser quem você é. Tradução: Marina Carvalho. Rio de Janeiro: Sextante, 2010.

MACEDO, S. *Storytelling:* a arte de contar histórias que encantam e inspiram. São Paulo: Gente, 2018.

PEREIRA, S. *Atenção:* o maior ativo do mundo. São Paulo: Gente, 2023.

POWELL, J. *Porque tenho medo de lhe dizer quem sou.* Tradução: Mário Vilela. 22ª ed. Rio de Janeiro: Record, 2019.

VAYNERCHUK, G. *Detonando:* atraia dinheiro e influência fortalecendo sua marca nas redes sociais. Tradução: Ana Paula Azeredo e Fernanda Menegon. 1ª ed. São Paulo: Alta Books, 2018.

VIEIRA, P. *O poder da ação:* faça sua vida ideal sair do papel. São Paulo: Gente, 2015.

23

HISTÓRIAS DE VIDA

O poder de uma história é algo que transcende culturas e gerações. Contar e ouvir histórias faz parte da essência humana, marca a nossa infância, nos transporta a um mundo no qual o limite é nossa imaginação. Antes mesmo da escrita, as histórias já eram contadas e eram o meio pelo qual compartilhavam informações, conhecimentos e experiências, mantendo nossos povos e culturas presentes em nossa vida.

SIMONE LOPES

Simone Lopes

MBA em Gestão de Pessoas e Liderança, MBA em Gestão de Projetos, MBA em Gestão Pública, Graduação em Serviço Social, com especialização em Mentoria para o Desenvolvimento Humano. Possui 20 anos de experiência em empresas de médio porte. Coordenadora administrativa e de RH no segmento de mineração, atuou na área de saúde como gerente administrativa de um hospital acreditado nível II. Tem sólida experiência com gestão de pessoas, treinamentos e desenvolvimento de liderança, implantação de processos, implantação de sistemas, gerenciamento, desenvolvimento e execução de projetos, inclusive em setores hospitalares. Capítulos publicados: “Como ter equilíbrio e gerar resultados extraordinários”, obra: *Os segredos da alta performance*; “Vida e equilíbrio - desafios constantes”, obra: *Essência Humana, um mergulho no ser*; “Mãe - essência divina do ser”, obra: *Mãe - vivências profundas na unidade de saúde em tempos de pandemia*. “Vivências profundas na unidade de saúde em tempos de pandemia, obra: *Histórias importantes demais para ficarem no anonimato*.

Contato
simonelr001@yahoo.com.br

Histórias são poderosas por várias razões, criam conexão emocional, falam ao coração e despertam as emoções, dão asas à imaginação. Mesmo um relato baseado unicamente em fatos, se contado de certa forma, pode nos levar da simples apreciação intelectual a um estado de êxtase emocional.

O poder de uma boa história é algo que transcende culturas e gerações. Contar e ouvir histórias faz parte da essência humana, marcaram a nossa infância e até hoje nos transportam a um mundo em que o limite é nossa imaginação. Antes mesmo da escrita, as histórias já eram contadas e cantadas e eram o meio pelo qual compartilhávamos informações, conhecimentos e experiências, mantendo nossos povos e culturas presentes em nossas vidas.

No livro *As constelações familiares em sua vida diária*, Joy Manné coloca com muita clareza e simplicidade que, ao vir ao mundo, não herdamos somente um patrimônio genético, mas sistemas de crenças e esquemas de comportamento e que a natureza do nosso campo de energia familiar é determinada pela história da nossa família, principalmente religião e crenças. O comportamento dos nossos antepassados em relação às pessoas é algo que afeta nossa aptidão a criar bons relacionamentos.

No decorrer do capítulo, falarei um pouco dos impactos das histórias contadas na infância e implícitas na nossa criação. Elas trazem consigo lindas memórias, verdades duras, difíceis de superar e crenças que nos limitam a buscar nossa verdadeira essência.

Quem não tem uma história de vida feliz ou triste para contar? Por que deixamos que essas histórias influenciem nossas decisões e tenham tanto impacto na nossa vida?

A importância de uma história familiar

Conhecer os fatos que cercam nossa família de gerações em gerações são importantes por muitas razões. De acordo com um artigo da "*Psychology Today*", jovens que conhecem e contam mais histórias sobre a vida de seus pais e avós, e contam de maneira mais coerente e detalhada, apresentam todos os tipos de resultados positivos. Esses resultados positivos incluem maior autoestima, menor ansiedade e maior senso de significado e propósito na vida. Além disso, as histórias familiares fornecem um senso de lugar no mundo, de pertencimento e identidade, que vai além da experiência pessoal para abranger um senso maior de quem se é e deve ser no mundo.

As histórias de aventura, coragem e conquista da família fazem com que nos sintamos orgulhosos e nos dão força, nos inspiram a igualar ou até mesmo superar as realizações de nossos antepassados. Enquanto as lembranças positivas provocam emoções calorosas, as memórias de momentos em que as famílias enfrentaram crises ou tragédias terríveis podem ser benéficas ou não, podem trazer perspectivas diferentes de uma situação, influenciar nossas decisões, o que muda é como encaramos essas memórias.

Muitas vezes, o ser humano tem uma tendência a se apegar à dor, a colocar a história triste como foco principal de sua vida, colocando-se no papel de vítima e, assim, usando essa situação como desculpa para todo seu contexto de fracasso, um motivo inconsciente para não fazer a sua parte e mudar sua trajetória de vida como tantos fazem, porque é mais fácil culpar os outros.

Algumas pessoas podem se sentir como vítimas devido a uma série de fatores, como baixa autoestima, falta de confiança em suas habilidades e dificuldade em fazer autocrítica. Essas pessoas podem tentar manipular aqueles ao seu redor usando o sentimento de pena, sempre querendo estar em evidência e ser o centro das atenções. A vitimização pode ser causada por uma série de motivos, incluindo carência afetiva, imaturidade e dificuldade em lidar com os problemas da vida, entre outros fatores, os quais colocam a pessoa fragilizada em uma situação de apatia e inércia diante das perspectivas de desenvolvimento, progresso e sucesso. Para conviver com pessoas que se vitimizam o tempo todo, é fundamental conhecer o que está por trás desse comportamento e assim não entrar nesse jogo, tentar trazer a pessoa para a real situação, na qual para se viver é necessário se posicionar diante das mais diversas situações e não somente existir.

Em resumo, conhecer as histórias de nossa família pode nos ajudar a desenvolver um senso de identidade, autoestima e significado na vida. Além disso, essas histórias podem nos inspirar a sermos melhores e a superar desafios, romper com nossas crenças que nos limitam na conquista de nossos sonhos.

Crenças limitantes

Crenças limitantes são pensamentos impositivos criados na infância e desenvolvidos ao longo da vida. Elas acabam se tornando nossas próprias verdades e, com o tempo, desenham nossa personalidade. Essas crenças podem ser negativas e limitar nosso crescimento, progresso ou sucesso.

A superação dessas crenças pode ser um processo difícil, mas é possível. A psicologia pode ajudar a identificar essas crenças e trabalhar para mudá-las. Nossa história de vida e crenças podem estar relacionadas, crenças são ideias nas quais acreditamos profundamente e nos prendem a histórias. Crenças são ideias nas quais acreditamos profundamente, que nos foram contadas em determinado momento por determinada ótica e que nos prendem dentro de uma determinada leitura ou interpretação da realidade, e que por seu caráter restritivo e fechado, acabam comprometendo as nossas possibilidades perante a vida e até mesmo a nossa liberdade de escolha. Normalmente acontecem na infância, devido ao instinto de proteção de nossos pais e de acordo com o meio em que viveram suas histórias de vida, o que faz com que repliquem as suas vivências em nossa formação.

Existem algumas dicas para ajudá-lo a superar crenças limitantes, mas sabemos que não é uma receita "de bolo" Para tal superação, é necessário muito trabalho e autoconhecimento, é importante enfatizar que a história de nossa família deve ser entendida e respeitada, pois cada um vive de acordo com o contexto do momento e suas ações são limitadas pelo seu nível de entendimento de cada questão. Uma dica importante é identificar suas crenças limitantes, pense em quais crenças negativas você tem sobre si mesmo e sobre o mundo ao seu redor. Anote-as e tente identificar quando elas surgem em sua vida cotidiana. Desafie essas crenças, pergunte a si mesmo se suas crenças são realmente verdadeiras. Tente encontrar evidências que apoiem ou refutem suas crenças negativas. Depois de desafiar suas crenças limitantes, substitua-as por crenças mais positivas e capacitadoras. Por exemplo, se você acredita que não é bom o suficiente, substitua essa crença por "Eu sou capaz e merecedor de sucesso". O mais importante e ponto principal para que você consiga superar algumas das limitações impostas por você mesmo e sua história de vida é praticar a autocompaixão; lembre-se de que todos nós temos crenças limitantes e que é normal ter pensamentos negativos de vez em quando. Seja gentil consigo mesmo, se perdoe, perdoe sua história de vida, perdoe a seus pais por terem replicado em você frustrações ou expectativas, viva a plenitude do "indivíduo" no sentido real da palavra, respeitando seus valores, escolhas e pensamentos.

Referências

MANNÉ, J. *As constelações familiares em sua vida diária*. São Paulo: Cultrix, 2008, pp. 15-17-94.

FIVUSH, R. *Why Sharing Family Stories Is Vital*. Disponível em: https://www.psychologytoday.com/us/blog/the-stories-of-our-lives/202308/why-sharing-family-stories-is-vital. Acesso em: 20 ago. 2024.

LIFEBOOK MEMOIRS. *Why Telling Our Family Stories Is So Beneficial*. Disponível em: https://www.lifebookmemoirs.com/why-telling-our-family-stories-is-so-beneficial/. Acesso em: 20 ago. 2024.

24

O CASO SERGEI

Ambiente anos 1970. Dois jovens funcionários de uma empresa se descobrem amantes da poesia. Inicia-se uma troca de correspondência em malote diário de matriz e filial. O convívio começa tênue, com novidade de vida, há motivação com longa duração nessa troca iniciante e carinhosa de emoções, porém, quando um dos dois descobre o amor platônico e o amor unilateral, a outra parte não aceita, e a harmonia começa a fenecer.

SUELY PENHA CORIOLANO

Suely Penha Coriolano

Paulistana, graduada em Pedagogia e Secretariado Executivo Bilíngue pela PUC-SP e Bacharela em Língua Portuguesa e Inglesa. Sua facilidade na escrita desde a infância se aprimorou em cursos diferenciados e de escrita literária. Seu instrumento é o piano e canta em um coral misto em teatros musicais em datas temáticas. Trabalhou em diretoria de empresas multinacionais norte-americanas e, além de secretária e pedagoga, é revisora de trabalhos acadêmicos e de outros estilos de texto. Com paixão pela escrita, utiliza o que o imaginário traz para estimular histórias de vida real e ficção com enfoque nos relacionamentos humanos como em seu primeiro livro de contos e crônicas, *Apenas contadora de histórias* (Editora MEPE, 2023). Atualmente, acumula atividades de revisora e escritora, e atua em home office. É membro dos grupos LinkedIn e ramificações, Instagram, Facebook, WhatsApp.

Contatos
sue6051@gmail.com
Facebook: Musicarte Sempre (administradora)
Instagram: @coriolanosuelypenha
11 99121 1750
11 5524 6085

O desejo que move os poetas não é ensinar, esclarecer, interpretar. O desejo que move os poetas é fazer soar de novo a melodia esquecida. (...) Faz tempo que para pensar sobre Deus, não leio os teólogos, leio os poetas.

Rubem Alves

Sergei era o nome de um funcionário eficiente de uma empresa matriz de comércio exterior em Santos, com filial em São Paulo. Os malotes diários entre as duas cidades o fizeram conhecer a filha do gerente executivo da capital, que era a secretária.

Milena, a secretária, notou que Sergei mandava pensamentos e epígrafes no meio da papelada diária na qual vinham diversos documentos de importação e exportação, o movimento dos navios no Porto, os desembaraços de maquinário pesado, as transportadoras...

O início da aproximação dos dois se deu porque Milena resolveu responder com frases motivacionais também. E, aos poucos, ela se viu diante de um poeta da Baixada e passou a corresponder-se com ele, tendo como primeiro ponto em comum o poeta e compositor musical Vinícius de Moraes. Os textos, crescendo em tamanho, tornaram-se verdadeiras e até longas cartas. Era com ansiedade que o malote era aberto. E os textos foram crescendo e mudando.

Poemas ou prosa poética continham as mensagens ricas de sentimentos, dignas de um poeta de grande destaque e carreira. Ele tinha o costume de assinar com data completa e hora da sua inspiração. E Sergei lançava suas ideias bem pensadas:

> Bom dia, Milena!
> Amanheceu! O relógio gritou seu toque de clarim!
> E acordei num pulo de repente, mas a vontade hoje é ficar embaixo das cobertas, dos meus sonhos. Por quê?

> Porque o dia hoje aqui nasceu em metamorfose rara; o dia aqui é diferente: um gostoso silêncio infesta a hora de partida para o trabalho.
> As janelas fechadas escondem-se da névoa que desfila agora... Apenas um som que brota desta calmaria.
> Dois pardais que conversam alto sobre o seu verão que momentaneamente some neste dia.
> Com saudades aos meus olhos, nos saudando surge: um dia de inverno que se pode presenciar lá fora... apenas rasgando o silêncio dos corpos em descanso nas cobertas: o grito raivoso das ondas que solapam a costa...
> Há um raro pedaço de inverno hoje em mim, visto-me agora e sigo para o futuro com uma disposição que me surpreende.
> Um pesado manto sobre o primeiro ser que via na calçada, um frescor de brisa tocando meu rosto brandamente (SLF, Santos, 6h, 22 janeiro 1976).
> Achei espetacular sua definição sobre Vinícius de Moraes, que vive sempre a demonstrar (para mim), em seu sorriso zombeteiro, que a vida é apenas uma canção ou uma poesia. Mesmo... mesmo se assim não fosse, se não houvesse esses mistérios em seu sorriso triste, não teríamos o poeta.
> Devemos temer os "equilibrados" por uma simples razão. O equilibrado está sempre procurando amainar as mais difíceis situações, está fazendo das tripas coração, porém tudo obedece a um limite. Um dia, por necessidade lógica e natural, o citado EXPLODE. E aí, menina, lhe digo mesmo: SAI DE BAIXO!
> Ninguém consegue aceitar as pessoas totalmente como elas são. Todos somos incontestavelmente diferentes, apenas os defeitos se tornam mais acessíveis e aceitáveis quando eles querem realmente curtir e conviver. Até breve, SE.

De sua coletânea, Sergei escolhia o que lhe parecia melhor conteúdo e enviava para Milena. Ele era o poeta das exclamações e reticências... Situações para sonhar, pensar e adicionar às vidas sonhadoras.

E, muitas vezes, um poema em evidência, de autor renomado, ou eram os sonetos de Vinícius de Moraes que os dois analisavam, contestavam ou revidavam nas cartas via malote. A distância para isso não tinha obstáculo.

Milena reparou que costumavam acontecer alguns enganos na redação de Sergei. E, na correspondência, houve um cantinho, uma ala para a língua portuguesa.

Milena, bom dia!
Como percebeu, cometo erros na escrita e não nas ideias, por falta de especialização nos meus estudos. Corrija-me sempre quando eu sair fora do caminho e as correções eu vou fixar para não reincidir. Ainda há muita gente cometendo erros, portanto, gostaria que mandasse trechos com novas mudanças e solicito correção de todos, mesmo em prosa.
Hoje estou terrivelmente contente, pois o sol está queimando as minhas costas neste instante, sentado no fundo do escritório.

Sergei, bom dia!
Eu sou ainda uma adolescente no pensamento que gosta de vibrar à custa de emoções. Ou talvez alguém à procura de paz por atalhos repletos de serpentes e espinhos que eu mesma coloco para tornar a conquista mais emocionante.
Os olhares investigativos e indagadores de homens desprendidos não passam de brincadeiras inconvenientes ou inocentes? Sergei, eu já vivi emoções que eu quis experimentar, porém ainda não encontrei aquele que pode frear todos os meus impulsos. Sou o tipo de pessoa que esconde o jogo o tempo todo e consigo chamar a atenção. E tenho medo da minha potencialidade, que é ilimitada. Aos 26 anos, condenada à solidão, uma prisão psicológica, para fazer felizes quais pessoas? Não escondo as verdades e as uso como armas. E muitas vezes não sou acreditada. Momentos felizes? Alguns.
Espero à hora do crepúsculo uma ligação. Melhor ter outros braços para acolher o meu pranto que é governado como sentimento desvalorizado. A dúvida e a certeza de que se completam. É ao pôr do sol que a pseudopoetisa, amante desprezada, filha incompreendida, profissional irrealizada, uma perfeita atriz, chora.

Ela tinha namorado, mas não encontrava num mesmo indivíduo o homem que procurava. Então tinha o poeta, o esportista alegre, mas não tinha o sonhado e mais culto. E sentia-se um objeto dividido contra rapazes que tinham partes, mas não o todo. E partes não a completavam.

Milena esporadicamente enviou suas escondidas e secretas poesias, bem como os textos, elaborados com sentimento de solidão. Também se ocultava em Milena alguém tristemente confusa e carente de valorizar-se e de ser valorizada. Pareceu, certo dia, escrever o poema da revolta.

Poema o mundo

É uma noite quente e fria
É uma despedida sem volta
É uma poesia sem rima
É um amigo inimigo
É um riso que ecoa sórdido
É uma espera do acaso
É uma busca sem achar
É irreal sobre e o real
É um castelo sem rei
É uma canção dissonante
É a razão que se perde
É o desencontro de vidas (...)

E só foi completar o poema dias depois porque este ficou imenso, com mais de sessenta versos, seu desagravo para questionar o mundo.

Muitas vezes, as mensagens tinham toques de humor além da troca de textos, poemas, ideias. Os dias de semana faziam imaginar que a praia de concreto em São Paulo tinha cheiro de mar. Foi o que no malote daquela manhã Sergei sugeriu.

Olá, Milena!
Hoje está um dia lindo. A Primavera, enfim, se faz sentir presente; um exagerado cheiro de mar enfestando o ar, pequenino chapéu de sol verdinho contrastando com o branquinho da areia, castigada pelo sol ardente. No fundo, o mar, que embora se mostre num tom azulão calmamente nos maltratando, pois temos é que trabalhar...
Não tenha receio algum em escrever, ninguém lê nenhuma de suas cartas. As minhas sim, quando estou escrevendo, há olhares de lado.

De seu caderno azul, Milena copiou:

Uma mulher chora ao som de um piano abandonado
Uma mulher vibra com um olhar mergulhado
No vício sórdido de viver a arte sem arte
Amor de entrega sem valor, utopia
Realização, porém, de sonho inacabado
Transcendência do caos.

Cartas trocadas em dois anos incompletos com poesias de autores diversos, ideias em prosa e verso desses dois amigos, Milena vai a Santos assistir a um jogo de futebol entre as equipes da empresa: a filial São Paulo e a matriz Santos. E aí ela o viu de perto, Sergei, o jogador. Contudo, reparou no homem alto e esguio, de rosto moreno e de presença marcante. Ela estava com o namorado que jogaria por São Paulo. A equipe do planalto ganhou. Compreendeu, após avistar Sergei de perto, que da sua parte seria a amizade a continuar, mas o olhar dele não mostrava o mesmo. Era um olhar de poeta, sem cobiça, porém de um novo poema que estava no ar.

2º Encontro

Meses depois, namoro rompido há um tempo, ela tomara o ônibus de Santos para São Paulo. Estivera com Sergei num longo bate-papo saboreando uma pizza. E ele revelou seu sentimento que não tinha retorno ou resposta similar da parte dela. Educado, ele discursou seus argumentos e, por fim, ferido em seu amor-próprio, a chamou de menina mimada. Sentiu-se como o mais inferior empregado daquela empresa, por ter se apaixonado por quem não deveria. Infelizmente, Milena estava ligada em pensamento a outra pessoa e, por isso, perdeu o amor poético e destemido de Sergei, sem saber como sofreria, num breve futuro, com sua nova conquista.

Dessa vez, a autoestima dos dois foi ferida mutuamente. De Santos nada mais veio. O malote trazia somente documentos de importação e exportação.

Esta é a carta que Milena esboçou e não enviou porque nunca mais o encontrou. Dizia assim:

> Sergei, meu doce amigo:
> Domingo último estive inquieta e só fui chorar na segunda-feira, quando desejei que o ônibus não chegasse ao destino, que o carro não freasse mais e que a minha vida evaporasse como uma fumaça branca. E como diz o Vinícius de Moraes: "meu pranto rolou, mais do que água na cachoeira".
> Sergei, parece que de Vinícius, que tem sido um de nossos elos fortes, nós dois herdamos a inconstância e os amores efêmeros. No trabalho, me parece que voltei à estaca zero.
> Nunca havia lido a poesia "Melancólico Madrigal" de Manoel Bandeira que me mandou certa vez. É simplesmente verdadeira. Lembra-me de pessoas boas que conheci.

Meu piano voltará ao ostracismo, quiçá para sempre. Tinha voltado a me dedicar e dizer que há quase oito anos eu não tocava com vontade. Estou triste como em todas as minhas cartas de dois anos atrás. Mas conseguindo fazer poesias sobre os bons sentimentos agora.
O livro que eu quero escrever já tem dois capítulos. Vou para o terceiro. Responda breve, pois preciso de uma resposta e palavra amiga para motivar a minha semana.

*****

A empresa aos poucos foi destituída porque três sócios faleceram em anos seguintes e próximos, em razão da idade. Por fim, os herdeiros não quiseram continuar o empreendimento dos pais. E, já trabalhando em nova empresa, usando a internet e suas várias opções, ela procurou saber de Sergei.

Dois anos se passaram e, com fontes e opções diminuídas, ela tentou pela segunda vez encontrar o amigo, sem sucesso. E a carta ficou, em conclusão, arquivada nos encobertos e irrevelados registros, que talvez o tempo habilite alguém a descobrir as mensagens e a escritora discreta e camuflada, que só se revelou para alguém que ela pensava não amar.

Esta carta nem a brisa do mar soprou para que Sergei a encontrasse, a recebesse, e por muito tempo Milena se culpou por não ter sentido amor por alguém que poderia tê-la feito feliz.

Olá, poeta!
O entusiasmo me fez ver que o amigo é diferente do companheiro. Com o passar dos anos, despojei-me de artifícios que você conheceu e não costumo representar papéis. O objetivo desta é lhe transmitir a paz que sinto agora e que luto em favor de outro objetivo puramente profissional. Para isso, nossos contatos via malote e alguns presenciais foram de imensa contribuição e conscientização. Muita coisa mudou para melhor, a começar meu amadurecimento emocional. Eu sofri bastante, enfrentado perigos e enfermidades com coragem e sou devedora a pessoas que repentinamente apareceram.
Sinto-me jovem com outro tipo de felicidade pela frente e eu a mereço. Você penetrou no meu pensamento por escrito muitas e muitas vezes. Os malotes YPF no início da manhã fizeram toda a diferença. Espero que, mesmo a distância, eu tenha lhe dito tudo.
Amanhã talvez consideremos que foi um grande amor: platônico, mas com a força dos versos e da prosa que rimaram naqueles dias para o bem.

Aqueles anos, com a troca de sonhos literários, terminaram sem que os dois pudessem prever. Dois anos, não mais. E mais dois anos de procura sem resposta e em vão.

O caso Sergei entre a filha do patrão e um funcionário nunca foi comentado ousadamente com preconceitos nem com jocosidade ou maldosamente em nenhum dos dois escritórios.

Poetas e escritores se respeitam mutuamente; são respeitados e admirados.

> Um amor platônico significa que uma pessoa está desperdiçando a chance de amar e a outra a chance de ser amada. De verdade.
> Swami Paatra Shankara

Amores platônicos são bonitos apenas nos livros?

Referências

ALVES, R. F. *Frases de Rubem Alves sobre Educação*. Disponível em: https://www.pensador.com/frases_de_rubem_alves_sobre_educacao/. Acesso em: 03 maio 2024.

SHÂNKARA, S. P. *Frases de amor platônico.* Disponível em: https://www.pensador.com/frases_de_amor_platonico/. Acesso em: 07 maio 2024.